François CHARLES

POLITIQUE GENERALE DES ORGANISATIONS

François CHARLES

POLITIQUE GENERALE DES ORGANISATIONS

Booklet mémo

Éditions Vie

Cover image: www.ingimage.com

Publisher:
Éditions Vie
is a trademark of
Dodo Books Indian Ocean Ltd. and OmniScriptum S.R.L publishing group

120 High Road, East Finchley, London, N2 9ED, United Kingdom
Str. Armeneasca 28/1, office 1, Chisinau MD-2012, Republic of Moldova, Europe
Managing Directors: Ieva Konstantinova, Victoria Ursu
info@omniscriptum.com

Printed at: see last page
ISBN: 978-613-9-59003-2

POLITIQUE GENERALE
DES ORGANISATIONS

NOVIAL

Consulting & Institute SAS
Conseil, coaching, team building, formation
en stratégie, management, intelligence, innovation

Les outils de facilitation
de politique générale des organisations

1 Facilitation PGO NOVIAL *facilitation stratégique et opérationnelle*

François CHARLES

INTRODUCTION

Ce livre issu des booklets mémo© NOVIAL INSTITUTE, va vous donner certaines et les clés de compréhension sur la politique générale de toute forme d'organisation à travers les quatre piliers interdépendants de stratégie, structure, identité et décision.

Il est à mettre en parallèle et complément avec d'autres booklets dans le principe du Concept SPM© mêlant Stratégie, Process, Psychologie, Management, Marketing, Mental.

Ces planches sont extraites d'un ensemble et d'un cours de plusieurs centaines d'autres. Elles ne sont pas forcément nouvelles et issues de sources en références mais recréées, améliorées et assemblées parfois de façon originale.

Vous pouvez bien entendu lire les publications en relation et suivre nos formations ou accompagnements adaptés voire afin de mieux en comprendre leurs fondements et optimiser leurs applications.

Vous disposez d'une demi-page de notes pour inscrire vos compréhensions et expériences vécues afin de mieux les adapter à votre environnement.

Qu'est-ce qu'une <u>politique</u> <u>générale</u> ?

- Établit les règles du jeu et les normes de l'entreprise internes et externes
- En extrait la **« substantifique moelle »** de toutes les autres fonctions sans en être prisonnière
- **« méta-situation »**
- Propre au **dirigeant** et son équipe proche
- S'impose à la stratégie en lui fixant des buts à atteindre, des contraintes et des critères à respecter
- À l'instar des principes politiques d'une nation

- Le **pilotage** de l'entreprise : savoir aussi se détacher des instruments de bord pour éviter le crash
- **Les 4 piliers** :
  - Choix d'objectifs généraux et de **<u>stratégies</u>** adaptées
  - Choix de **<u>structure</u>** autour de spécialisations
  - Processus de **<u>décision</u>**
  - Choix d'**<u>identité</u>**

Notes

Politique générale

- Stratégie
  - Positionnement, partenariats, valorisation des savoir-faire, marketing…
- Identité
  - Image de marque, éthique, risk management, approche sociale
- Structure
  - Organisation, systèmes d'information, contrôles, processus
- Décision
  - Planification, processus, gestion de crise

Notes

POLITIQUE

- *Règle de conduite décidée pour une certaine période de temps en vue d'atteindre certains objectifs généraux*
- Politique sociale, de l'emploi, politique de formation, de prix, de produit…

Notes

STRATEGIE

- *Orientation fondée sur la base d'une analyse multicritères visant à atteindre, ou non, de façon déterminante et à LT, un certain positionnement contre certains adversaires avec un impact sur les activités et structures de l'organisation*
- Connotation militaire, origine grecque : l'action des stratèges = des généraux
- Guerre économique : les concurrents
- Stratégies externes définissant les modes relationnels avec l'environnement
- Stratégies internes propres aux modes de relations à l'intérieur de l'organisation

Notes

MARKETING Mercator

- *L'ensemble des méthodes et des moyens dont dispose une organisation (entreprise) pour promouvoir (vendre), dans les publics (clients) auxquels elle s'intéresse, des comportements (produits) favorables à la réalisation de ses propres objectifs (rentabilité).*

Notes

PLAN

- *Liste d'actions précises, assorties de leurs dates, de leurs coûts, de la description des moyens matériels qu'elles exigent et souvent aussi de la désignation de leurs responsables*
- Instrumentation, traduction opérationnelle d'une stratégie

Notes

stratégie

Les choix

●QUOI ?:

- Stratégies défensives
  - ➤Maintien, stagnation
  - ➤Dégagement
- Stratégies offensives :
  - ➤Expansion – développement contrôlé
  - ➤Domination

●QUELS OUTILS ?

- Spécialisation
- Diversification (intégration et filières)
- Impartition
- Croissance (interne, externe acquisitions)
- Internationalisation
- Relation

●COMMENT ?

- objectifs défensifs
  - ➤Concentration (si avantage « intouchable)
  - ➤dégagement
- objectifs offensifs
  - ➤Domination par les coûts
  - ➤Différenciation
  - ➤concentration

Notes

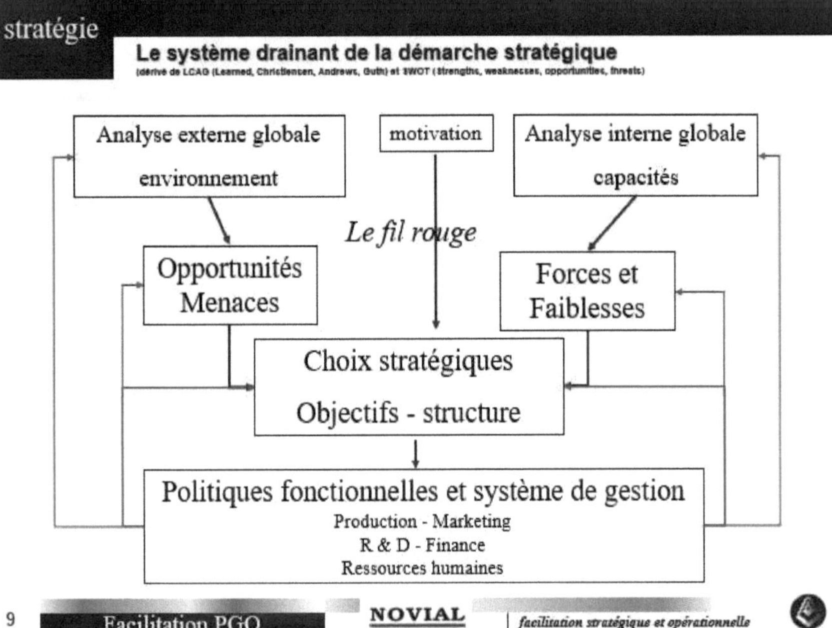
stratégie
Le système drainant de la démarche stratégique
(dérivé de LCAG (Learned, Christensen, Andrews, Guth) et SWOT (Strengths, weaknesses, opportunities, threats)
Analyse externe globale
environnement
motivation
Analyse interne globale
capacités
Le fil rouge
Opportunités
Menaces
Forces et
Faiblesses
Choix stratégiques
Objectifs - structure
Politiques fonctionnelles et système de gestion
Production - Marketing
R & D - Finance
Ressources humaines
9
Facilitation PGO
NOVIAL
facilitation stratégique et opérationnelle

Notes

strategie

Le bon objectif

G. Définir un OBJECTIF global (GOAL), puis de PERFORMANCE à court et moyen terme

R. Examen de la REALITE et de la situation présente avec recherche d'adéquation

O. Recherche des OPTIONS possibles, des directions, des étapes

W. Définition des ACTIONS (WORKING), plan de travail à entreprendre avec % de chances de réussite

- S pécifique
- M esurable
- A ccessible
- R éaliste
- déterminé dans le Temps

- Explicite
- Compris
- Pertinent
- Éthique
- Motivant
- Légal
- Écologique
- Adaptable
- enregistré

Notes

stratégie

L'importance des secteurs d'excellence et la force motrice de l'entreprise

- Que ressent-on le mieux ?
- Quelle est notre vraie force ?
- Quelle est notre motivation
- Quelle identité particulière nous distingue des autres ?
- Quel bastion préserver à tout prix ?

- Ex : 3M : orientation technologie (cf partie II)
  - Réduction de 35 % des frais généraux :six-sigma
  - Mais préservation du budget R & D
  - D'où nouvelles bases performantes

Notes

L'analyse SWOT (Strengths, weaknesses, opportunities, threats)

Évolutions clé de l'environnement / Forces et faiblesse					+ / -
Principales forces	+ ++ +		++ + +	+++ + +	6 / 4 / 3 /
Principales faiblesses	--- -- -	--	-- -	-	/ 7 / 3 / 2
+ -	4 6	0 2	2 3	5 1	

Notes

stratégie

La segmentation (1)

- Définir le Domaine d'Activité Stratégique (DAS) de la façon la plus pertinente possible par rapport aux choix stratégiques à effectuer
- Le segment stratégique est :
  - un DAS caractérisé par une combinaison unique de facteurs clés de succès
  - Un champ de lutte concurrentiel spécifique cerné par des barrières : savoir-faire et limite géographique

Notes

stratégie

La segmentation (2)

- <u>Par découpage</u> : diviser l'activité en segments stratégiques et groupe homogènes selon les mêmes critères :
  - technologie
  - type de clientèle
  - fonction d'usage
  - mode de distribution
  - marché
  - Concurrents
  - Structure de coûts (ABC, standard/sur mesure)

- <u>Par regroupement :</u> rassembler des produits ou services en segments stratégiques satisfaisant aux critères de :
  - Substituabilité d'où
    - Même clientèle, mode de distribution (perrier et évian)
  - Partage des ressources :
    - Mêmes structures de coûts (BSN diffuse ses eaux plates et gazeuses par le même canal)

Notes

La vision du chef d'entreprise

	+ vision stratégique : quoi	-
+	Sony, Daimler, Air France, Boeing, DELL	70% des entreprises Difficulté à exprimer les orientations : partir sans savoir où on va, arriver sans savoir où on est, revenir sans savoir où on est allé mais pouvoir y retourner maintes fois ! (cf Ch. Collomb)
Efficacité opération-nelle		
-	Stratégie claire mais difficile mise en œuvre : revenus irréguliers	

Notes

stratégie

Une cohérence d'ensemble

Plan stratégique

Plan marketing

Plan financier

POLITIQUE GENERALE

FILTRAGE

Plan produit

Plan social

Plan commercial

Plan de lobbying

Plan de gestion des risques

Plan I.E.S

Notes

stratégie

Gestion stratégique et gestion courante

« ne pas s'endormir sur ses lauriers»
et/ou faire en connaissance de cause »

Exploitation du potentiel

	faible	forte
forte	Zone de risque moyen terme	Zone de performance durable
faible	Zone de défaillance	Zone de risque court terme

Création du potentiel (faible → forte)

Notes

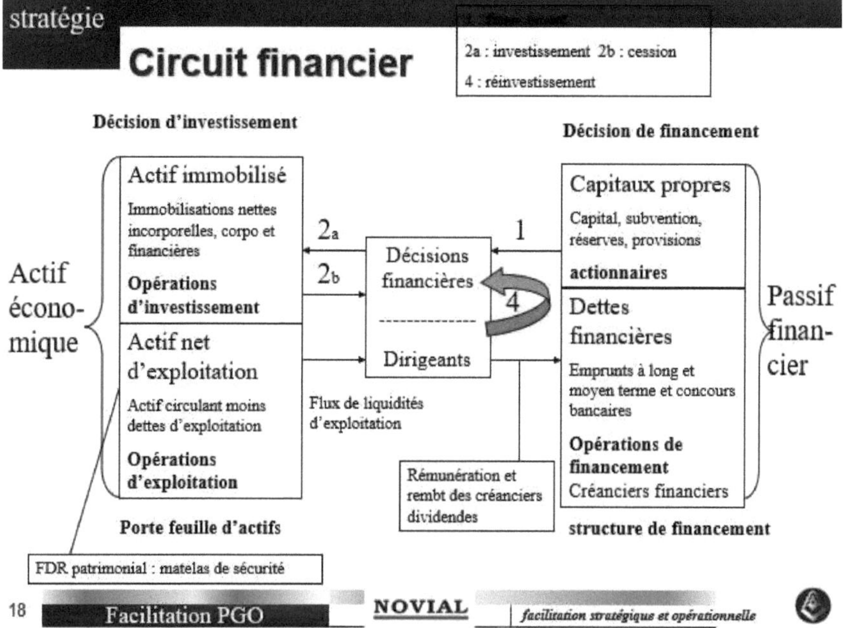
stratégie
Circuit financier
2a : investissement 2b : cession
4 : réinvestissement
Décision d'investissement
Décision de financement
Actif économique
Actif immobilisé
Immobilisations nettes incorporelles, corpo et financières
Opérations d'investissement
Actif net d'exploitation
Actif circulant moins dettes d'exploitation
Opérations d'exploitation
Porte feuille d'actifs
FDR patrimonial : matelas de sécurité
2a
2b
1
4
Décisions financières
Dirigeants
Flux de liquidités d'exploitation
Rémunération et rembt des créanciers dividendes
Capitaux propres
Capital, subvention, réserves, provisions
actionnaires
Dettes financières
Emprunts à long et moyen terme et concours bancaires
Opérations de financement
Créanciers financiers
structure de financement
Passif finan-cier
18
Facilitation PGO
NOVIAL
facilitation stratégique et opérationnelle

Notes

stratégie

Les prismes stratégiques (Johnson, Scholes, fréry)

	Prisme de la raison	Prisme de l'expérience	Prisme de la complexité
Principe	Positionnement délibéré au travers de processus relationnels, analytiques, structurés et directifs	Développement incrémental résultant de l'expérience individuelle et collective et des croyances implicites	Émergence de l'ordre et de l'innovation à partir de la variété et de la diversité internes et externes à l'organisation
signification des organisations	Structures mécaniques, hiérarchiques, logiques	Culture fondée sur l'histoire, la légitimité et les succès passés	Systèmes complexes, variés et diversifiés
Rôle des dirigeants	Décideurs stratégiques	Metteurs en scène de l'expérience	Entraîneurs, créateurs de contextes et défenseurs des innovations
Vision du changement	Est le déploiement de la stratégie planifiée	Incrémental du fait de fortes résistances aux ruptures	Incrémental mais peut parfois être brusque
Théories sous-jacentes	Économie, sciences de la décision	Théorie institutionnelle, ethnologie, psychologie	Théories évolutionnistes Théories du chaos

Notes

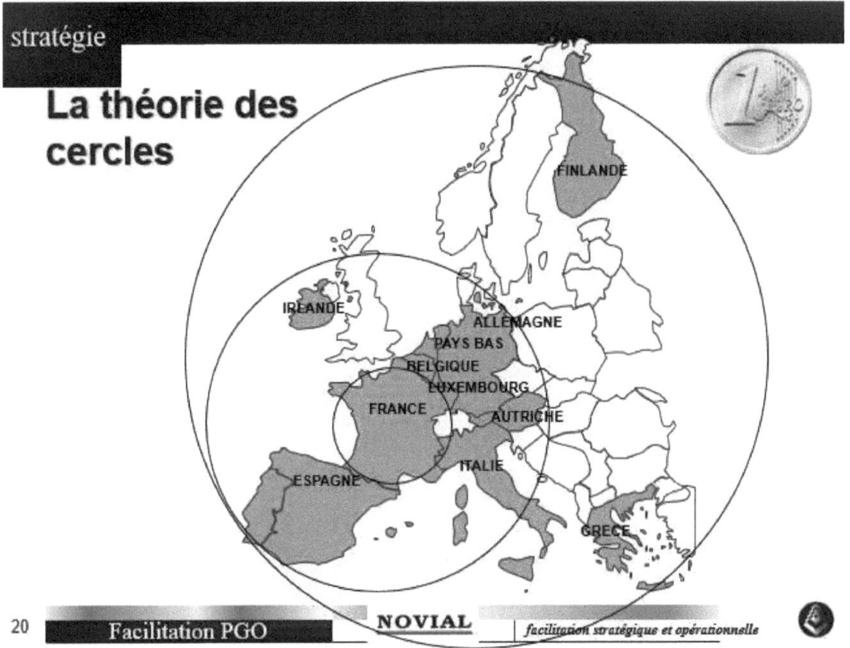
stratégie
La théorie des cercles
FINLANDE
IRLANDE
ALLEMAGNE
PAYS BAS
BELGIQUE
LUXEMBOURG
FRANCE
AUTRICHE
ITALIE
ESPAGNE
GRECE
20
Facilitation PGO
NOVIAL
facilitation stratégique et opérationnelle

Notes

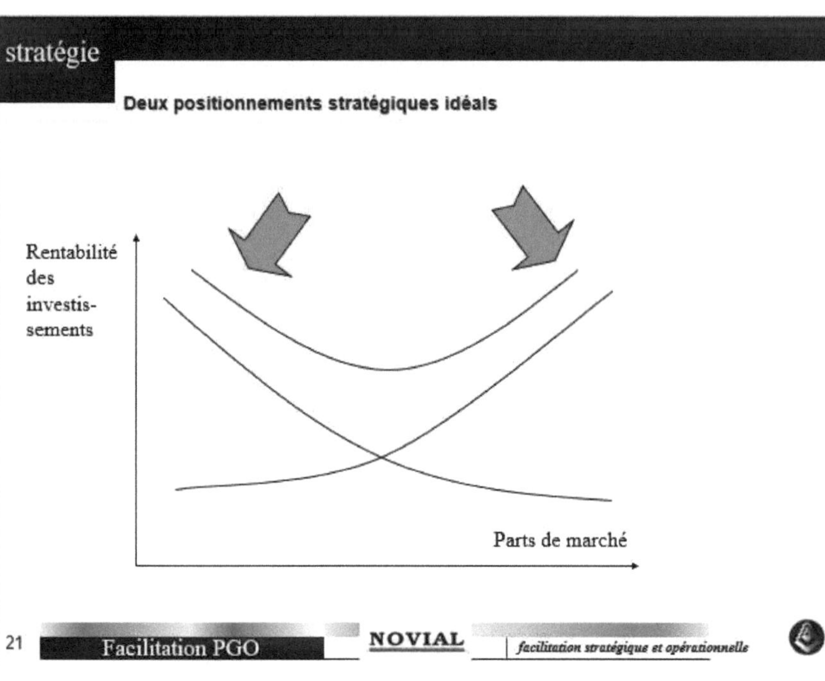

stratégie
Deux positionnements stratégiques idéals
Rentabilité des investis-sements
Parts de marché
21
Facilitation PGO
NOVIAL
facilitation stratégique et opérationnelle

Notes

stratégie

dimension optimale de l'incrément de capacité

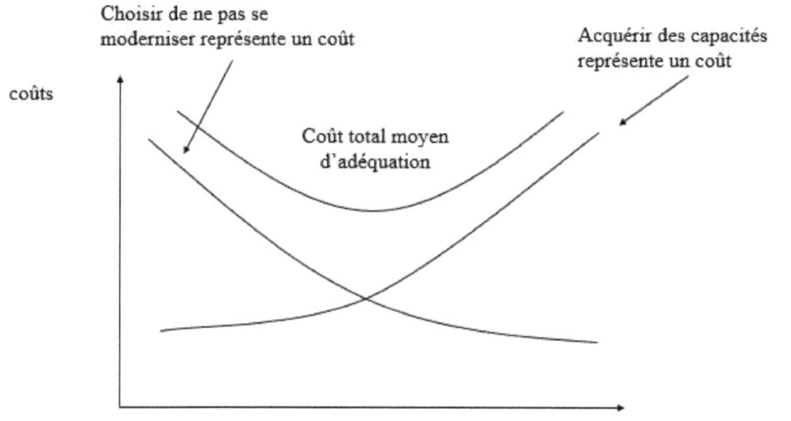

Notes

Effet d'expérience et stratégies de prix

- **Dumping :** accepter des pertes initiales pour imposer un produit de substitution, profiter de ventes forte et un rapide retour d'expérience en attendant des gains par les coûts
- **Domination :** l'une des firmes dominantes répercute la baisse des coûts sur les prix et détermine les prix du marché éliminant les concurrents les plus faibles
- **Ombrelle :** maintenir les prix pour accroître les marges, rentabiliser les investissements et mieux se préparer à parer les offensives concurrentes

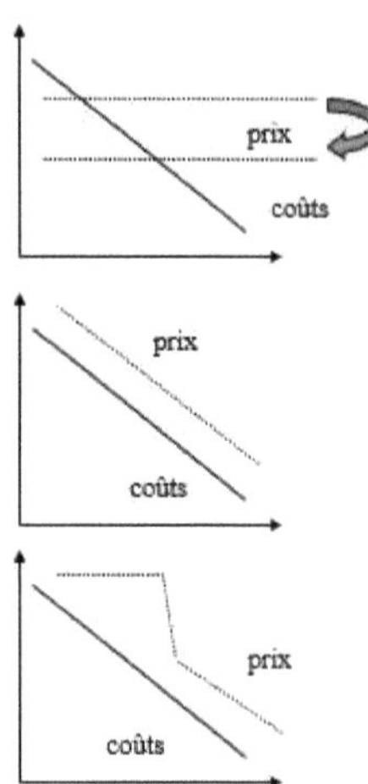

Notes

stratégie

Effet d'expérience et stratégies de prix

- **Rattrapage** : « acheter » de la part de marché pour rattraper les leaders en sacrifiant les marges, voire vendant à perte
- **Abandon** : quitter progressivement le secteur en maximisant la rentabilité : « dernier barroud d'honneur »

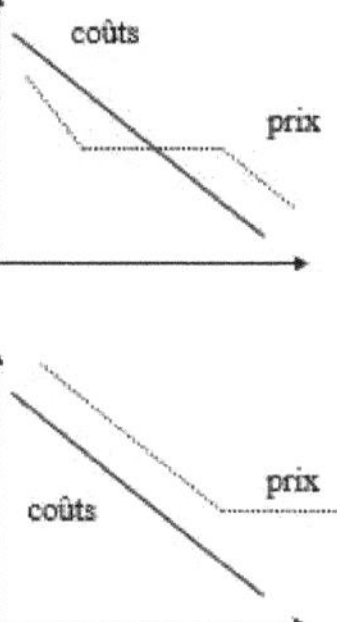

Notes

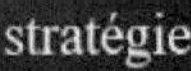

Fixation des prix et stades de maturité

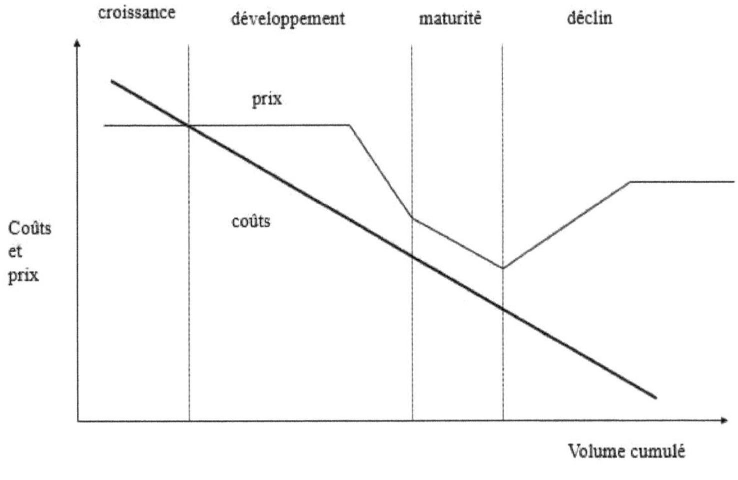

Notes

stratégie

Vision mais adaptabilité

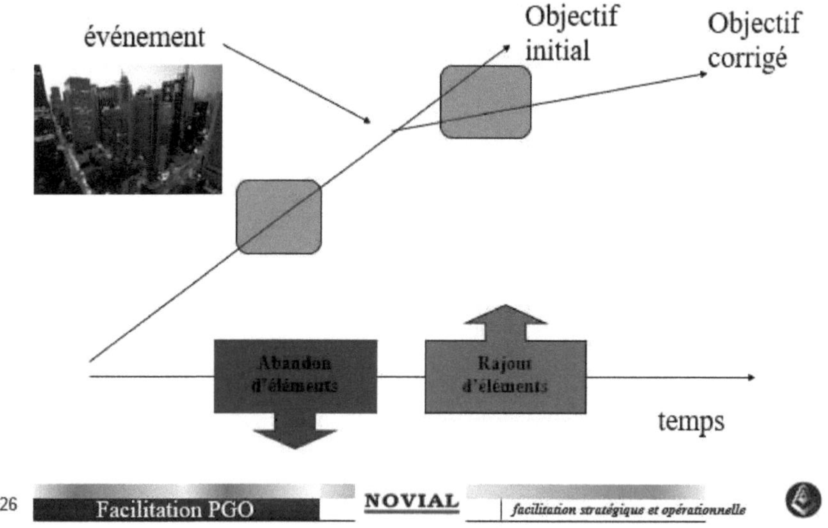

Notes

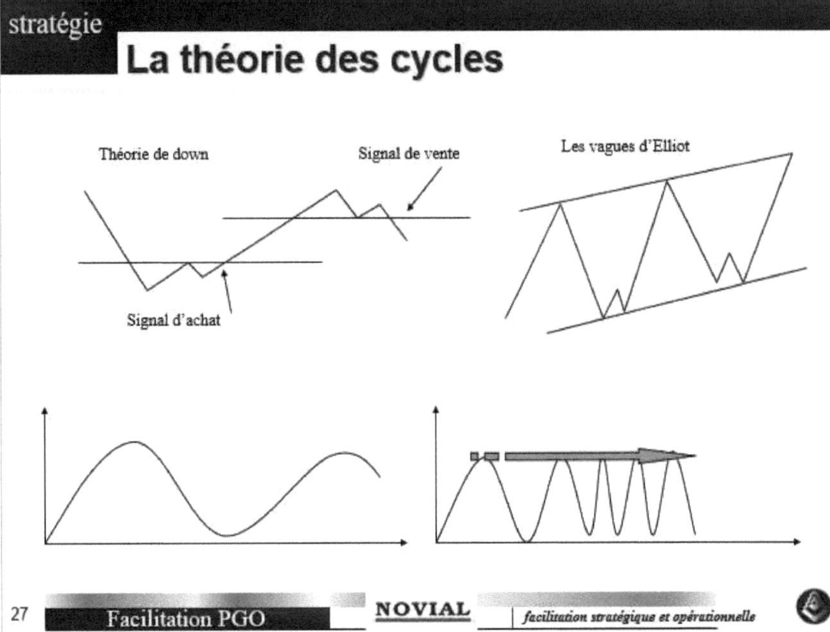
stratégie
La théorie des cycles
Théorie de down
Signal de vente
Les vagues d'Elliot
Signal d'achat
27
Facilitation PGO
NOVIAL
facilitation stratégique et opérationnelle

Notes

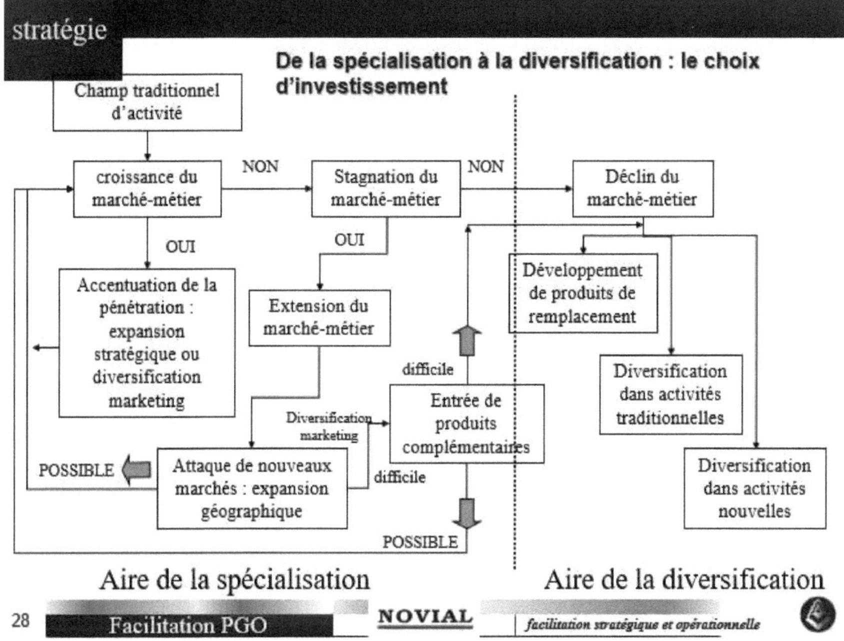
stratégie
De la spécialisation à la diversification : le choix d'investissement
Champ traditionnel d'activité
croissance du marché-métier
NON
Stagnation du marché-métier
NON
Déclin du marché-métier
OUI
OUI
Accentuation de la pénétration : expansion stratégique ou diversification marketing
Extension du marché-métier
Développement de produits de remplacement
Diversification dans activités traditionnelles
difficile
Entrée de produits complémentaires
Diversification marketing
POSSIBLE
Attaque de nouveaux marchés : expansion géographique
difficile
Diversification dans activités nouvelles
POSSIBLE
Aire de la spécialisation
Aire de la diversification
28
Facilitation PGO
NOVIAL
facilitation stratégique et opérationnelle

Notes

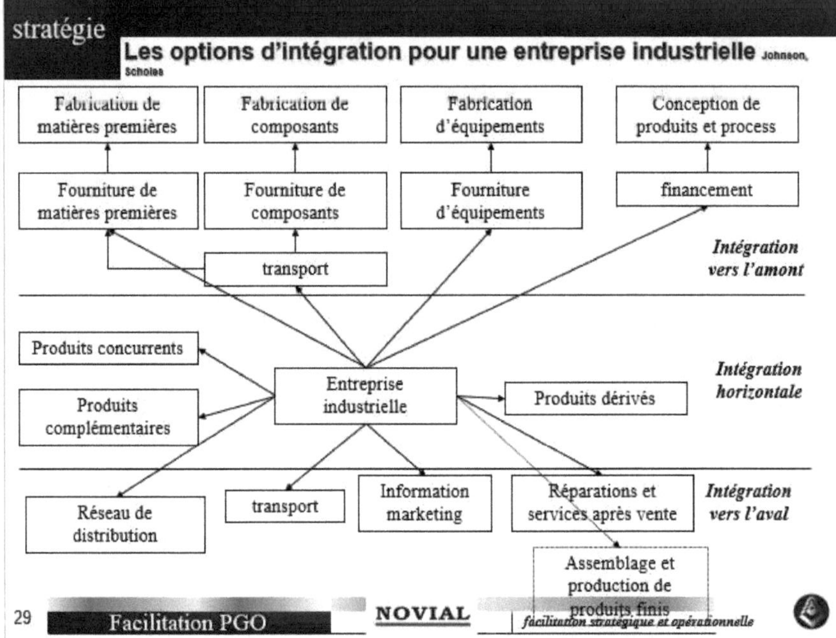
stratégie
Les options d'intégration pour une entreprise industrielle Johnson, Scholes
Fabrication de matières premières
Fabrication de composants
Fabrication d'équipements
Conception de produits et process
Fourniture de matières premières
Fourniture de composants
Fourniture d'équipements
financement
transport
Intégration vers l'amont
Produits concurrents
Produits complémentaires
Entreprise industrielle
Produits dérivés
Intégration horizontale
Réseau de distribution
transport
Information marketing
Réparations et services après vente
Intégration vers l'aval
Assemblage et production de produits finis
29
Facilitation PGO
NOVIAL
facilitation stratégique et opérationnelle

Notes

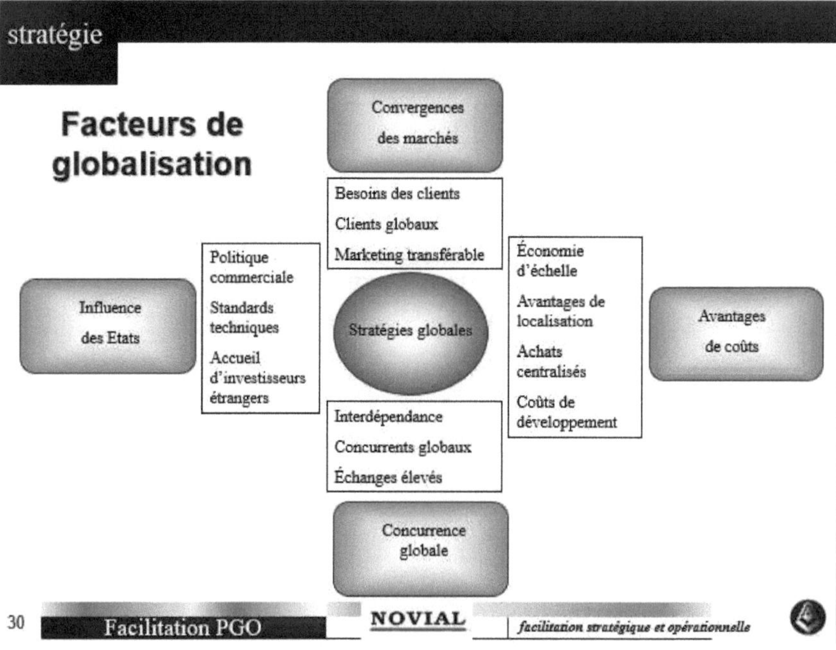
stratégie
Facteurs de globalisation
Convergences des marchés
Besoins des clients
Clients globaux
Marketing transférable
Influence des Etats
Politique commerciale
Standards techniques
Accueil d'investisseurs étrangers
Stratégies globales
Économie d'échelle
Avantages de localisation
Achats centralisés
Coûts de développement
Avantages de coûts
Interdépendance
Concurrents globaux
Échanges élevés
Concurrence globale
30
Facilitation PGO
NOVIAL
facilitation stratégique et opérationnelle

Notes

Relations et lobby

La relation porte sur … / Est nouée avec..	La stratégie de marché	La stratégie technologique	La stratégie financière	La stratégie sociale
L'Etat	Protection nationale			
Un ou des concurrents	entente	Alliance stratégique		
Un ou des clients ou fournisseurs				
Un ou des groupes de pression				

Club des fournisseurs de l'Etat

Politico-technologique

Notes

identité

Le blason de l'organisation

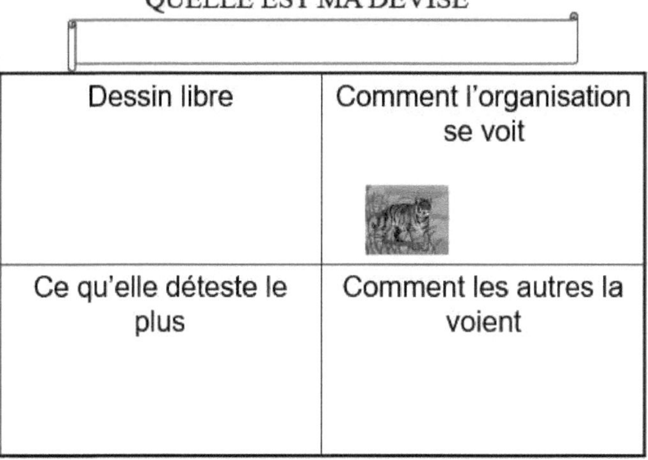

Notes

identité

Qui sommes nous et avec quelle structure travailler ?

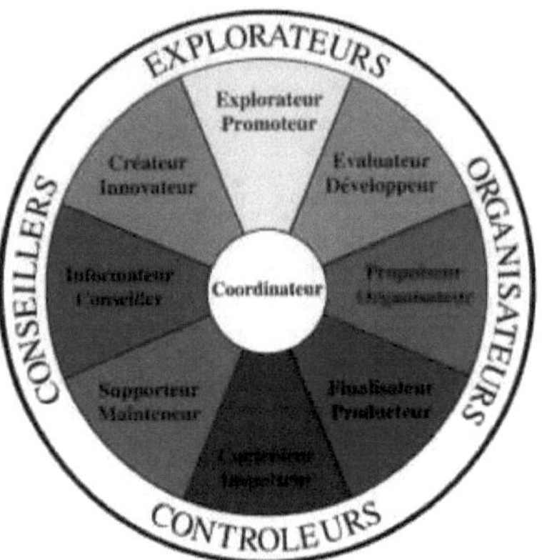

Notes

identité

Diagnostic type d'évaluation d'entreprise (1)

- Informations générales :
  - historique de l'entreprise ;
  - les dirigeants ;
  - structure juridique ;
  - environnement social ;
  - appréciation externe de l'entreprise (notation) ;
  - spécialisation (le cas échéant) ;
  - secteurs d'activité ;
- Données techniques :
  - logiciels brevets ;
  - logiciels marques ;
  - logiciels bureautique.

Notes

identité

Diagnostic type d'évaluation d'entreprise (2)

- Ressources humaines et sociales
  - organigramme ;
  - effectifs (depuis 5 ans) : structure du personnel, qualification, rémunération ;
  - nombre d'ingénieurs et juristes ;
  - affectation du personnel (direct, indirect, structure) ;
  - taux de charge et coûts directs ;
  - présence de syndicats ;
  - personnes clés et fonctions ;
  - pyramide des âges ;
  - avantages sociaux (PEE, retraite et prévoyance collective, sursalaires)
  - provisionnement IDR.
- Risque industriel et financier :
  - vétusté des bâtiments
  - contrats d'assurance
  - normalisation environnement
- Organisation
  - normalisation (ISO, JAR …)
  - outils de gestion

Notes

Diagnostic type d'évaluation d'entreprise (3)

- Marketing :
- brevets en portefeuille (nature, quantité, qualité) ;
- acquisitions de brevets (annuelles, mensuelles) ;
- composantes de la rémunération et fixation des honoraires ;
- organisation commerciale et SAV ;
- portefeuille client (nature, quantité, qualité, analyse des clients les
- plus importants sur plusieurs exercices et des facteurs clés de succès) ;
- prévisions commerciales ;
- politique de développement (succès, échecs).

Notes

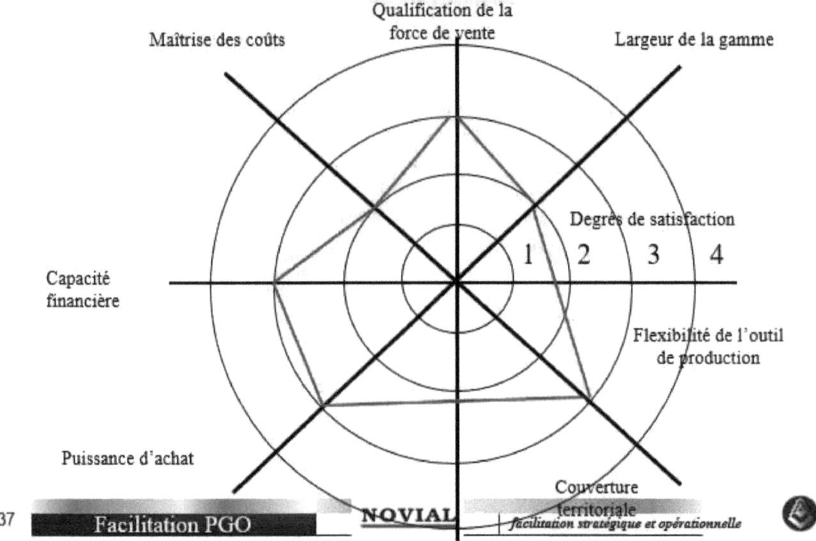
identité
Positionnement concurrentiel
Qualification de la force de vente
Maîtrise des coûts
Largeur de la gamme
Degrés de satisfaction
1
2
3
4
Capacité financière
Flexibilité de l'outil de production
Puissance d'achat
Couverture territoriale
37
Facilitation PGO
NOVIAL
facilitation stratégique et opérationnelle

Notes

Les axes stratégiques du cycle de maturité

Phase de la vie	Nature de la stratégie	Objet principal	Exemple de stratégies
Démarrage	innover	produits	Innovation technologique Achat de licences
Croissance	développer	Distribution image	Pénétration commerciale Développement de capacités Recherche de nouveaux marchés
Maturité	Optimiser	Coûts	Intégration amont/aval Internationalisation de la gamme et de la production
Déclin	rationaliser	coûts	Élagage de marchés / gamme / unités

Notes

Avantage compétitif et position concurrentielle : typologie des univers

Sensibilité à la différentiation		
FORTE	**FRAGMENTATION** Recherche de réduction de taille, Adaptation rapide au marché Mutualisation des coûts McDonalds, Holiday Inn	**SPECIALISATION** Nombreuses sources de différentiation – stratégies de coûts et positionnement de niches sans volonté de volume Luxe, grands hôtels
FAIBLE	**IMPASSE** Peu de barrières à l'entrée, pas d'impact volume ni différentiation, réussite des nouveaux venus, demande surestimée Bulle internet	**VOLUME** Peu de possibilité de différentiation Whirlpool rachète l'électroménager de Philips
Sensibilité au volume	FAIBLE	FORTE

Notes

identité

Avantage compétitif et position concurrentielle : les stratégies types

Système concurrentiel	stratégie
Volume : nombre de concurrents faibles, leader très rentable, concurrents marginaux bénéficiaires en conjoncture favorable	Croître plus vite que les concurrents pour améliorer la position de coût
Spécialisation : plusieurs entreprises rentables sur des niches, partie centrale de chaque niche, frontières évolutives, concurrences sévères, suiveurs non rentables	Focaliser l'effort sur les niches défendables, maximiser l'avantage sur les coûts spécifiques
Fragmentation : bcp de petits concurrents, bcp de va et vient, marges diverses et instables, grosses entreprises désavantagées	Gérer l'activité comme une PME ou transformer en activité de volume
Impasse : aucune part de marché élevée, réduction des coûts ou perte, avantage mais fragilité des nouveaux venus	S'en remettre aux pouvoirs publics ou se maintenir sur un technologie ou un service propres

Notes

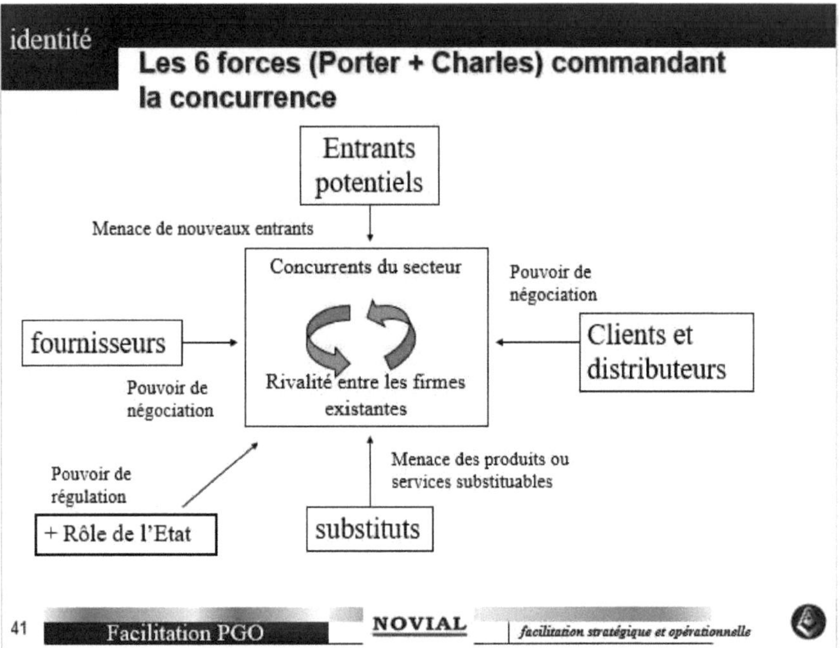
identité
Les 6 forces (Porter + Charles) commandant la concurrence
Entrants potentiels
Menace de nouveaux entrants
Concurrents du secteur
Pouvoir de négociation
fournisseurs
Clients et distributeurs
Pouvoir de négociation
Rivalité entre les firmes existantes
Pouvoir de régulation
Menace des produits ou services substituables
+ Rôle de l'Etat
substituts
41
Facilitation PGO
NOVIAL
facilitation stratégique et opérationnelle

Notes

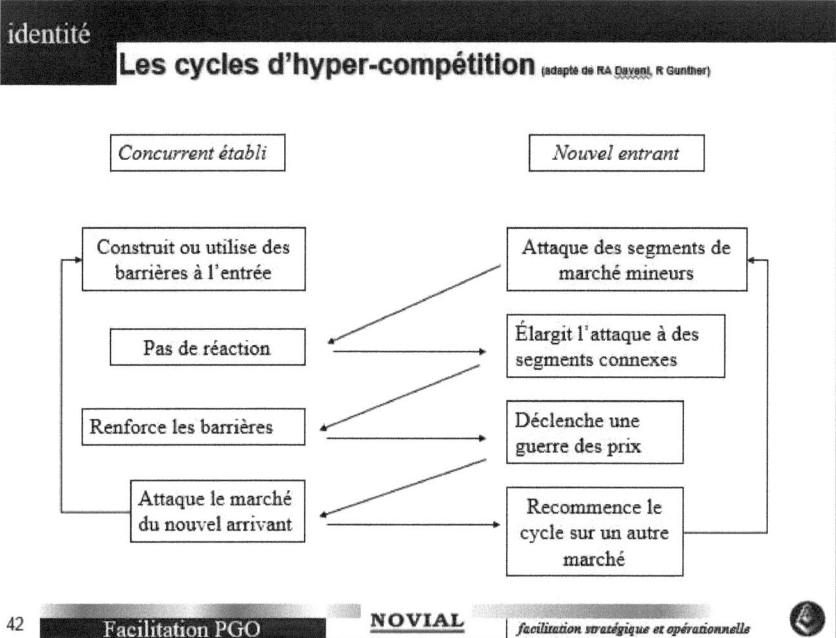
identité
Les cycles d'hyper-compétition (adapté de RA Daveni, R Gunther)
Concurrent établi
Nouvel entrant
Construit ou utilise des barrières à l'entrée
Attaque des segments de marché mineurs
Pas de réaction
Élargit l'attaque à des segments connexes
Renforce les barrières
Déclenche une guerre des prix
Attaque le marché du nouvel arrivant
Recommence le cycle sur un autre marché
42
Facilitation PGO
NOVIAL
facilitation stratégique et opérationnelle

Notes

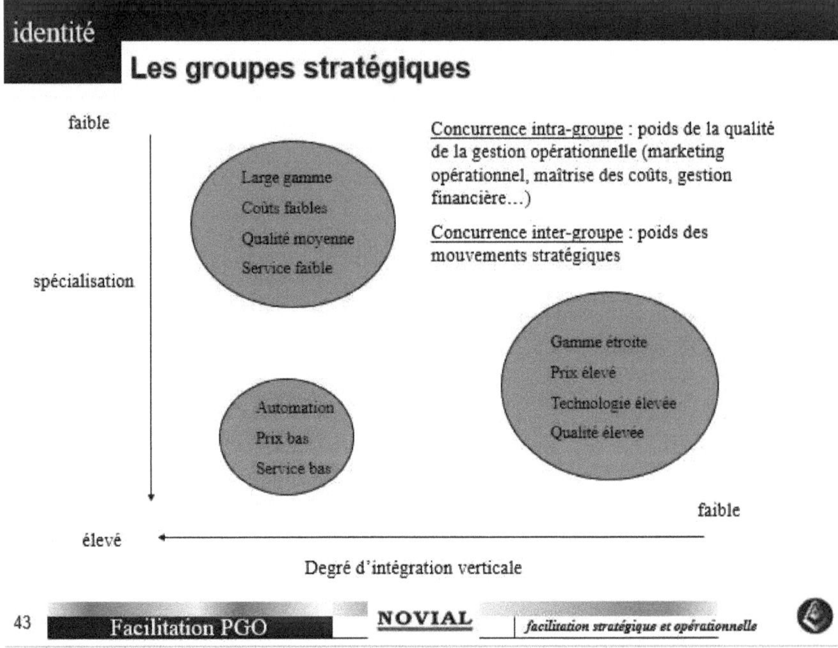
identité
Les groupes stratégiques
faible
spécialisation
élevé
Large gamme
Coûts faibles
Qualité moyenne
Service faible
Automation
Prix bas
Service bas
Concurrence intra-groupe : poids de la qualité de la gestion opérationnelle (marketing opérationnel, maîtrise des coûts, gestion financière…)
Concurrence inter-groupe : poids des mouvements stratégiques
Gamme étroite
Prix élevé
Technologie élevée
Qualité élevée
faible
Degré d'intégration verticale
43
Facilitation PGO
NOVIAL
facilitation stratégique et opérationnelle

Notes

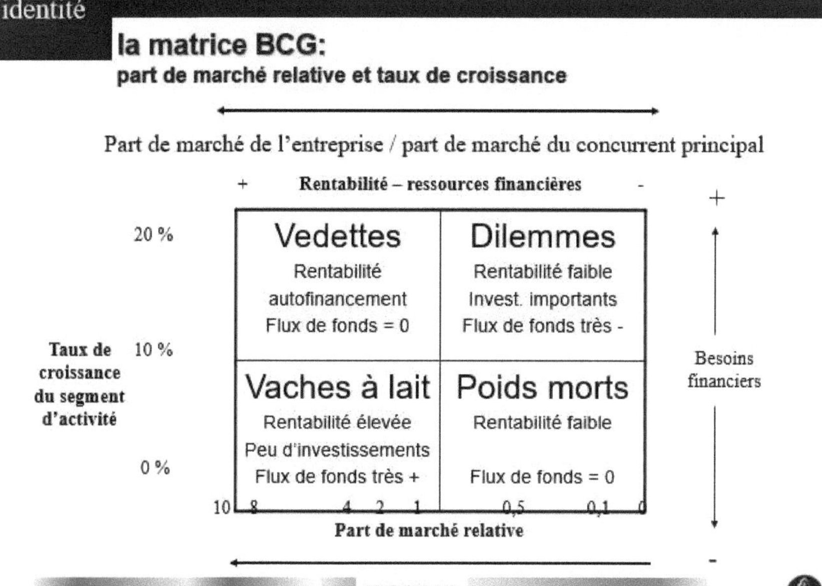
identité
la matrice BCG:
part de marché relative et taux de croissance
Part de marché de l'entreprise / part de marché du concurrent principal
+ Rentabilité – ressources financières -
20 %
10 %
0 %
Taux de croissance du segment d'activité
Vedettes
Rentabilité
autofinancement
Flux de fonds = 0
Dilemmes
Rentabilité faible
Invest. importants
Flux de fonds très -
Vaches à lait
Rentabilité élevée
Peu d'investissements
Flux de fonds très +
Poids morts
Rentabilité faible
Flux de fonds = 0
10 8 4 2 1 0,5 0,1 0
Part de marché relative
+
Besoins financiers
-
44
Facilitation PGO
NOVIAL
facilitation stratégique et opérationnelle

Notes

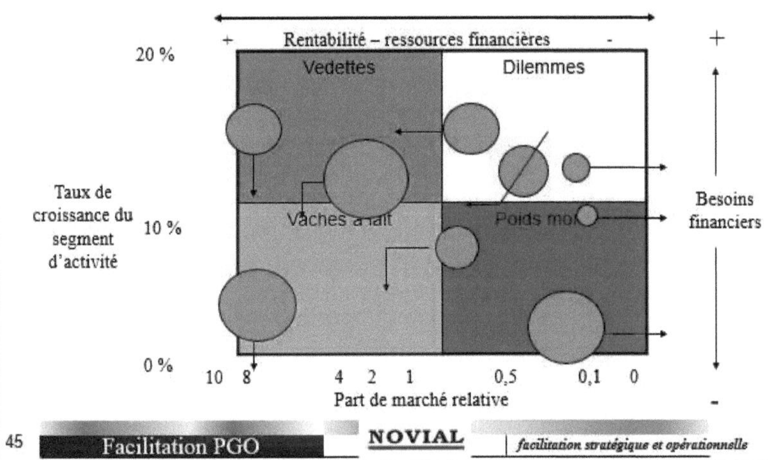
identité
la matrice BCG : prescriptions
Part de marché de l'entreprise / part de marché du concurrent principal
+ Rentabilité – ressources financières -
20 %
Vedettes
Dilemmes
Taux de croissance du segment d'activité
10 %
Vaches à lait
Poids mo
0 %
10 8 4 2 1 0,5 0,1 0
Part de marché relative
+
Besoins financiers
-
45
Facilitation PGO
NOVIAL
facilitation stratégique et opérationnelle

Notes

la matrice BCG : endormissement

Part de marché de l'entreprise / part de marché du concurrent principal

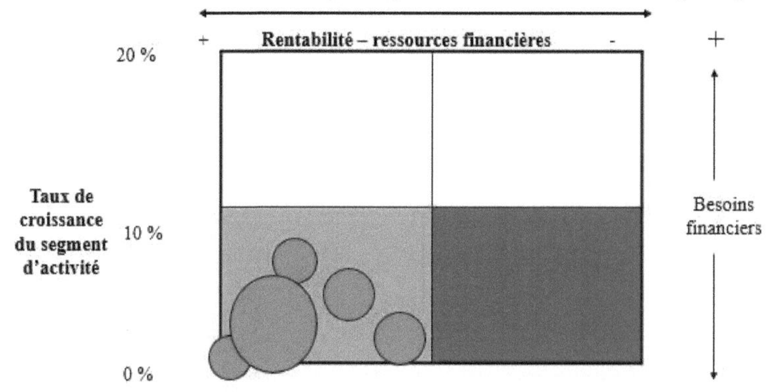

la matrice BCG : cherche de repères

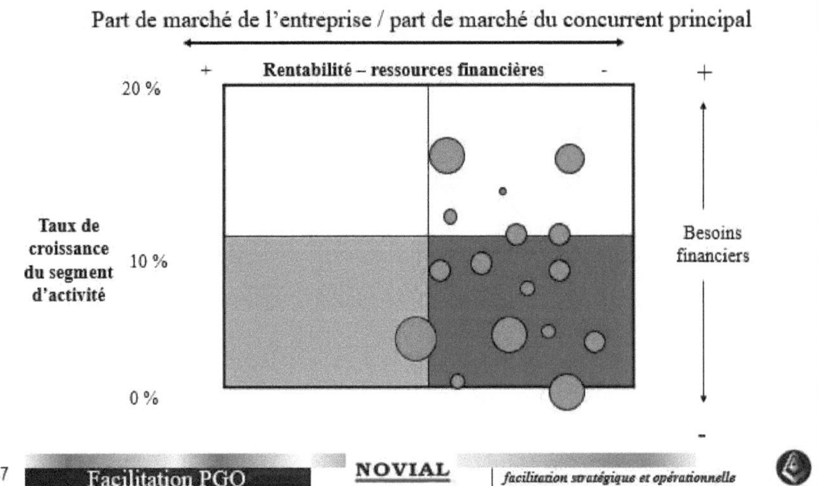

Notes

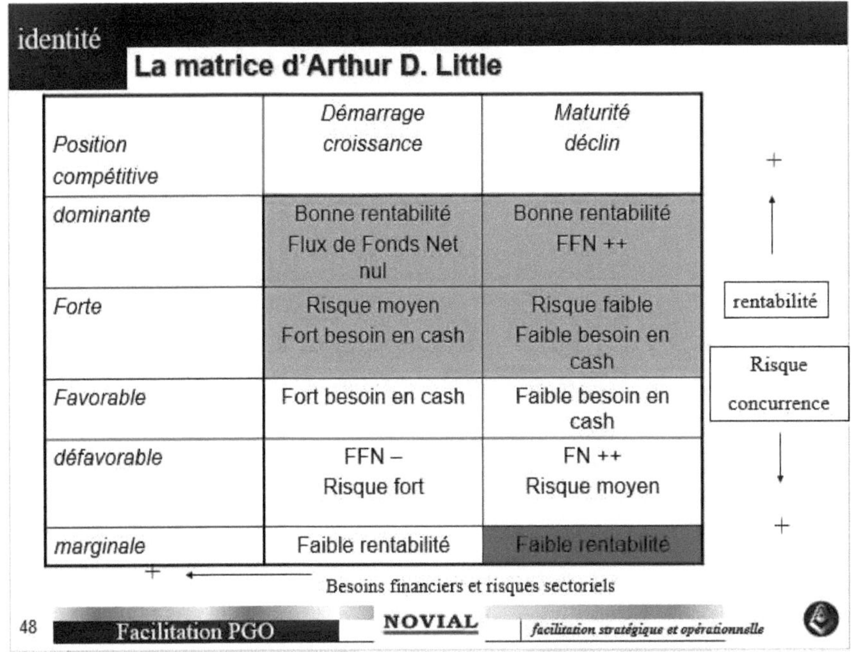

Position compétitive	Démarrage croissance	Maturité déclin
dominante	Bonne rentabilité Flux de Fonds Net nul	Bonne rentabilité FFN ++
Forte	Risque moyen Fort besoin en cash	Risque faible Faible besoin en cash
Favorable	Fort besoin en cash	Faible besoin en cash
défavorable	FFN – Risque fort	FN ++ Risque moyen
marginale	Faible rentabilité	Faible rentabilité

Notes

La matrice de McKinsey

Attractivité du marché / *Position du DAS*	élevée	moyenne	faible
Forte	Maintenir la position de leader Coûte que coûte	Maintenir la position et suivre le développement	Rentabiliser « traire »
Moyenne	Améliorer la position	Rentabiliser prudemment	Se retirer sélectivement (segmenter)
faible	Doubler la mise ou abandonner	Se retirer progressivement et sélectivement	Abandonner désinvestir

Notes

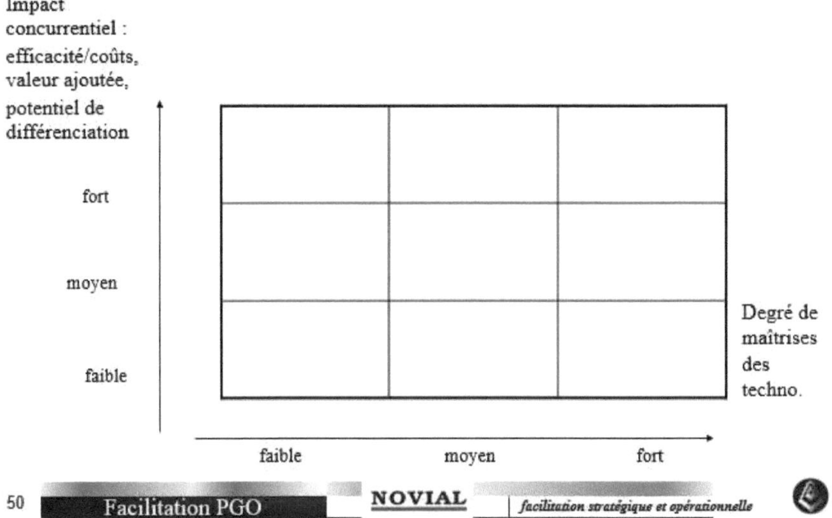
identité
Le portefeuille technologique SRI Int.
Impact concurrentiel : efficacité/coûts, valeur ajoutée, potentiel de différenciation
fort
moyen
faible
Degré de maîtrises des techno.
faible
moyen
fort
50
Facilitation PGO
NOVIAL
facilitation stratégique et opérationnelle

Notes

identité

La matrice technologique de Dussauge

potentiel de développement (PD)

Présence commerciale (PC)

et position technologique (PT)

Vedettes	Dilemmes
PD, PT et PC fortes : se maintenir	PD faible, PC et PT fortes : investir massivement ou se retirer PD faible, PC faible et PT forte : s'associer ou vendre la techno PD et PC fort, PT faible : acquisition externe
Vaches à lait	**Poids morts**
PD, PC et PT faibles : exploiter et traire PD et PT faible, PC fort : acquisition si immédiatement rentable PD et PC faibles, PT fort : se dégager en trayant ou transférant	PC et PT faibles : s'en séparer ou rentabiliser

Notes

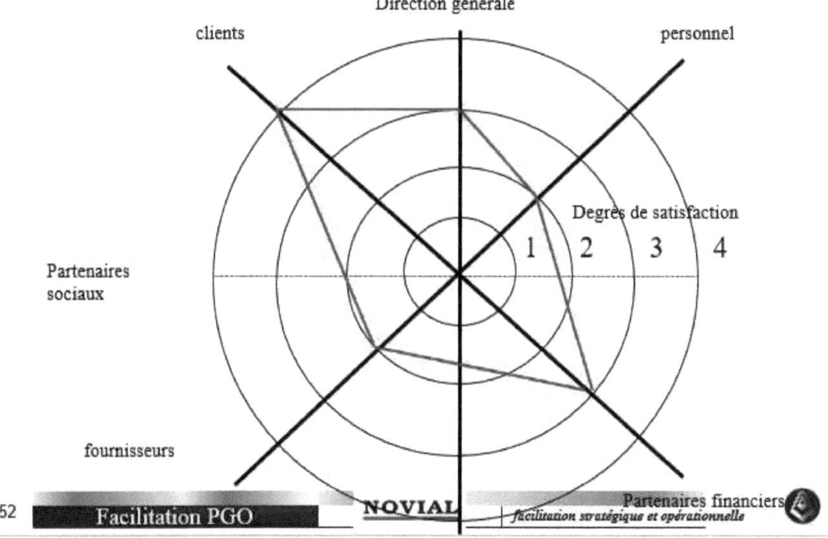
identité
Positionnement socio-économique
Direction générale
clients
personnel
Degrés de satisfaction
1
2
3
4
Partenaires
sociaux
fournisseurs
Partenaires financiers
52
Facilitation PGO
NOVIAL
facilitation stratégique et opérationnelle

Notes

identité

Le modèle PESTEL : répartition des influences environnementales

- Politique
  - Stabilité gouvernementale
  - Politique fiscale
  - Régulation du commerce extérieur
  - Protection sociale
- Socio-culturel
  - Démographie, Mobilité sociale
  - Distribution des revenus
  - Changements de modes de vie
  - Attitude par rapport au loisir et au travail
  - Niveau d'éducation
- Écologique :
  - Lois sur la protection de l'environnement
  - Retraitement des déchets
  - Consommation d'énergie
- Économique
  - Cycles économiques
  - Évolution du PNB
  - Taux d'intérêt
  - Politique monétaire
  - Inflation
  - Chômage
  - Revenu disponible
- Technologique
  - Dépenses publiques de R&D
  - Investissements privés et publics
  - Nouveaux développements
  - Vitesse des transferts
  - Taux d'obsolescence
- Légal
  - Lois sur les monopoles
  - Droit du travail, législation sur la santé
  - Normes de sécurité

Notes

identité

Analyse interne : Clarification du profil actuel : cliché de l'évaluation de l'entreprise

- Étendue et regroupement des produits et services
- Tendances et cycles
- Marchés géographiques desservis
- Clientèles attirées
- Croissance de la clientèle
- Évolution des parts de marché // concurrence
- Structure organisationnelle mise en place pour chaque couple produit/marché
- Rendement de chaque couple produit/marché
- Force motrice actuelle
- Concept stratégique ou organisationnel actuel
- Secteurs d'excellence actuels

Notes

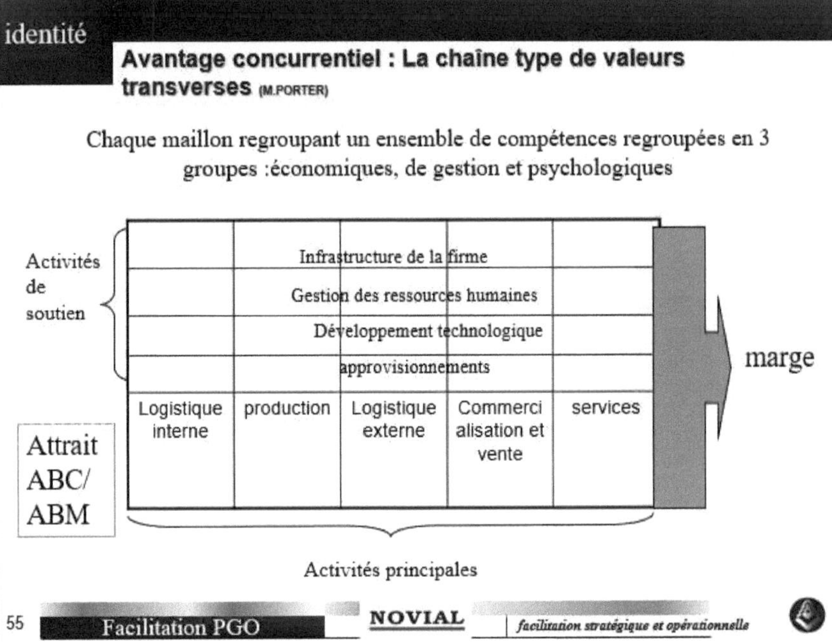
identité
Avantage concurrentiel : La chaîne type de valeurs transverses (M.PORTER)
Chaque maillon regroupant un ensemble de compétences regroupées en 3 groupes :économiques, de gestion et psychologiques
Activités de soutien
Infrastructure de la firme
Gestion des ressources humaines
Développement technologique
approvisionnements
Logistique interne
production
Logistique externe
Commercialisation et vente
services
marge
Attrait ABC/ ABM
Activités principales
55
Facilitation PGO
NOVIAL
facilitation stratégique et opérationnelle

Notes

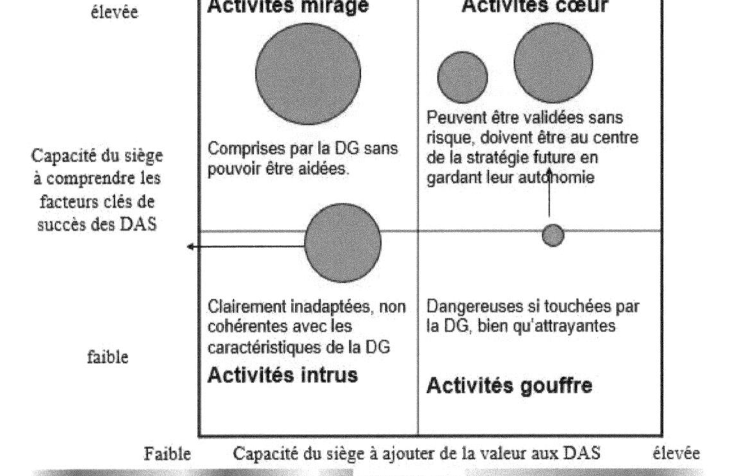
identité
La matrice ASHRIDGE : l'implication du siège
élevée
Activités mirage
Activités cœur
Comprises par la DG sans pouvoir être aidées.
Peuvent être validées sans risque, doivent être au centre de la stratégie future en gardant leur autonomie
Capacité du siège à comprendre les facteurs clés de succès des DAS
Clairement inadaptées, non cohérentes avec les caractéristiques de la DG
Dangereuses si touchées par la DG, bien qu'attrayantes
faible
Activités intrus
Activités gouffre
Faible
Capacité du siège à ajouter de la valeur aux DAS
élevée
56
Facilitation PGO
NOVIAL
facilitation stratégique et opérationnelle

Notes

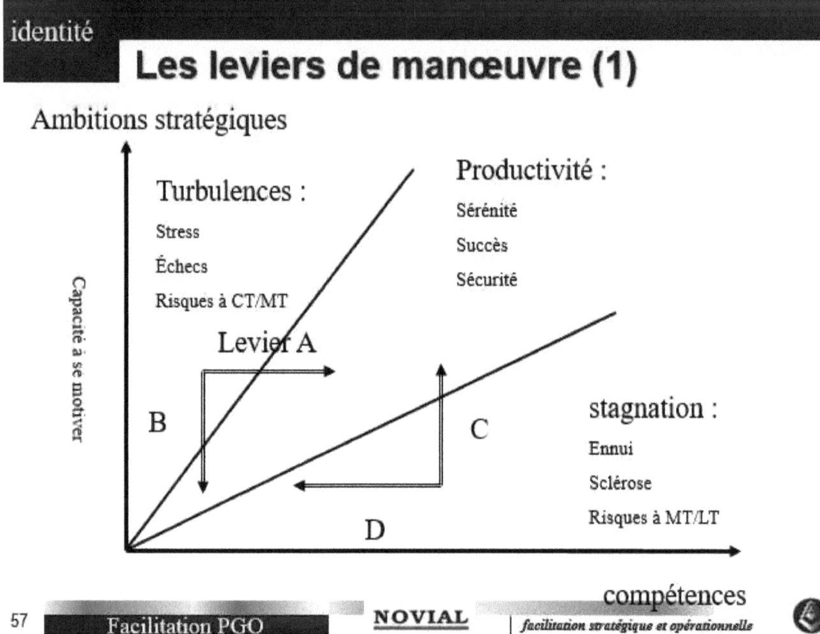
identité
Les leviers de manœuvre (1)
Ambitions stratégiques
Turbulences :
Stress
Échecs
Risques à CT/MT
Productivité :
Sérénité
Succès
Sécurité
Capacité à se motiver
Levier A
B
C
D
stagnation :
Ennui
Sclérose
Risques à MT/LT
compétences
57
Facilitation PGO
NOVIAL
facilitation stratégique et opérationnelle

Notes

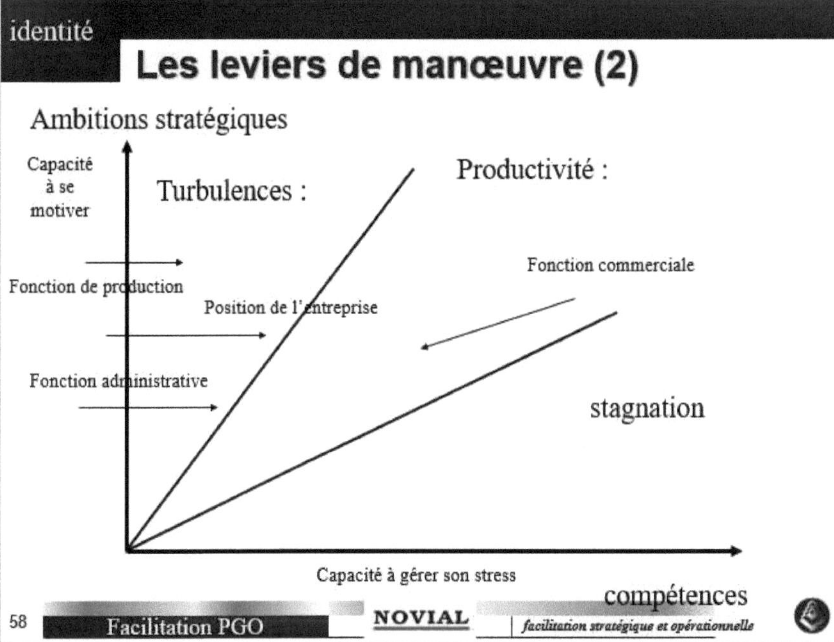
identité
Les leviers de manœuvre (2)
Ambitions stratégiques
Capacité
à se
motiver
Turbulences :
Productivité :
Fonction commerciale
Fonction de production
Position de l'entreprise
Fonction administrative
stagnation
Capacité à gérer son stress
compétences
58
Facilitation PGO
NOVIAL
facilitation stratégique et opérationnelle

Notes

La théorie des organisations (Berne, Fox, Delivré)

Le groupe				L'environnemt interne	L'environnemt externe
Le leadership	Le Canon (ce qui structure)	Membres et sous-groupes	Activité et énergie du groupe	Dans l'entreprise	Hors entreprise
Leader responsable Leader opérationnel (travail et décisions) Leader de processus (façon de travailler) Leader psychologique Anciennes figures d'autorité Evhémère et leader primal Leader personnel Appareil Moyens matériels	Dénomination Objectifs Constitution Règles de fonctionnement (réunions, confidentialité, circulation de l'info, gestion des frontières) Organigramme (rôles, mandats) Culture : ·Étiquette : valeurs sur le travail ·Technique : méthodes de travail ·Caractère : transgressions	Individus Stade de développement du groupe Sous-groupes sociologiques (clans, castes) Rapports de force Qualité du relationnel (économie de reconnaissance) Conflits Perceptions individuelles du groupe (imago)	Raison d'être, mission Stratégie Travail rentable production* Travail non rentable : ·Combat ·Régulation ·Test du leader	Direction (pour un service) Services voisins Syndicats Salariés (pour un CODIR) Leaders d'opinion Contraintes juridiques …	Fournisseurs Clients Partenaires Concurrents Contraintes juridiques Public …

Notes

structure

Stade initial : la structure « en soleil »

- PME ou jeunes divisions
- Le chef délègue peu, contrôle et dirige tout
- Gestion délicate de l'évolution avec historique des liens initiaux ou des habitudes initiales

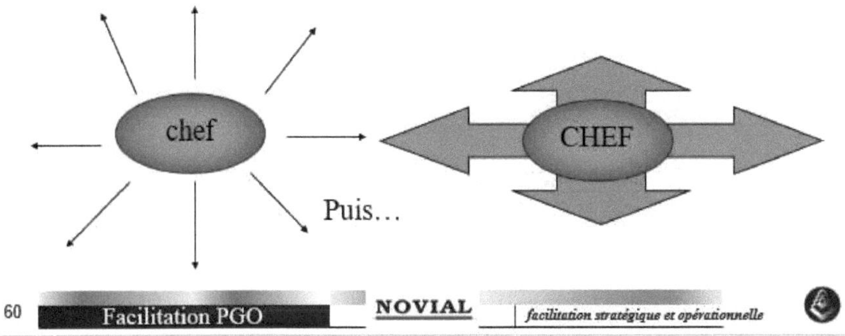

Notes

structure

Évolution 1 : la structure fonctionnelle simple

- Spécialisation
- Définition de fonctions
- Procédures de travail
- Lignes hiérarchiques
- Cloisonnement
- Dirigeant au centre et a délaissé (externalisé) la fonction comptable

Notes

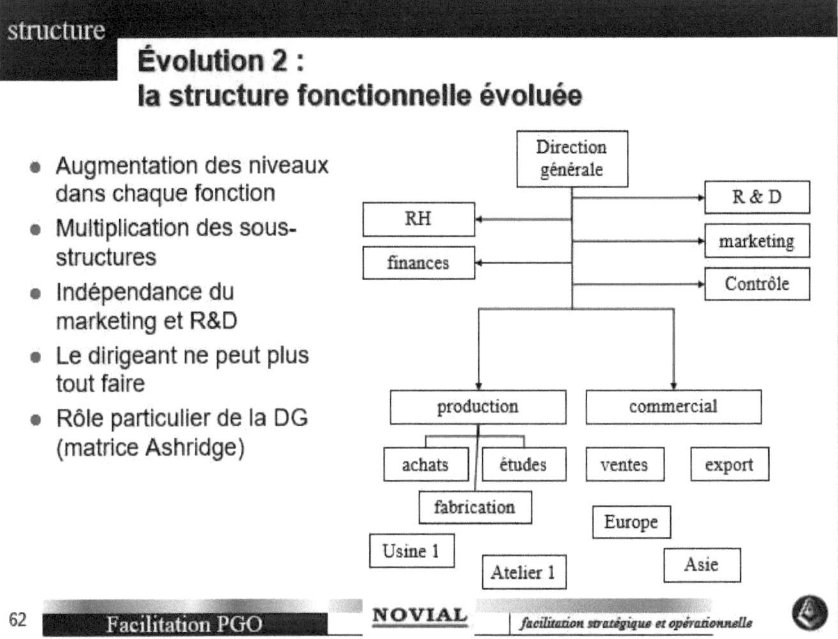
structure
Évolution 2 :
la structure fonctionnelle évoluée
• Augmentation des niveaux dans chaque fonction
• Multiplication des sous-structures
• Indépendance du marketing et R&D
• Le dirigeant ne peut plus tout faire
• Rôle particulier de la DG (matrice Ashridge)
Direction générale
R & D
RH
marketing
finances
Contrôle
production
commercial
achats
études
ventes
export
fabrication
Europe
Usine 1
Atelier 1
Asie
62
Facilitation PGO
NOVIAL
facilitation stratégique et opérationnelle

Notes

structure

Les structures divisionnelles

- Dès qu'une entreprise met en oeuvre plusieurs technologies et se diversifie
- Création de divisions autonomes de petites entreprises en monoactivité permettant de différencier les flux
- Approches stratégiques et management propre
- Nécessité de spécialisation en segment ou groupe de segments stratégiques derrière le constat d'absence intelligente d'économie d'échelles
- Réduction des niveaux hiérarchiques

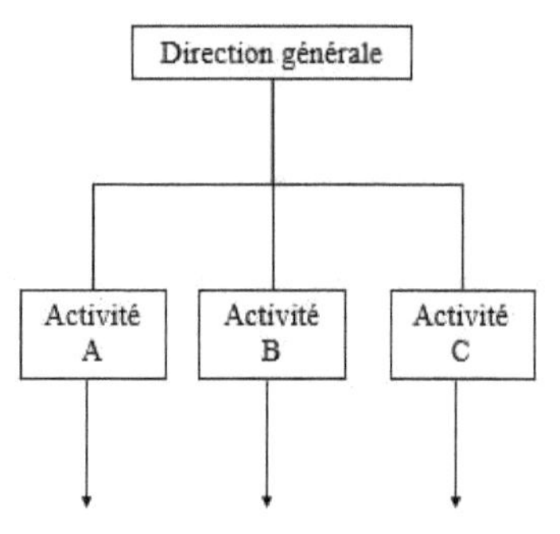

Notes

structure

Les structures matricielles

- combinaison des deux autres structures dès que des savoir-faire communs sont utilisables de façon transverse sur une stratégie multicritères
- Généralement rencontrées dans les structures industrielles (Boeing précurseur)
- Ex : un responsable produit pilote et coordonne son programme horizontalement en intégrant les éléments dépendants verticalement des fonctions achat, usinage, montage, commercialisation… »
- Choc culturel : un responsable hiérarchique, un responsable fonctionnel
- Allocation de ressource par deux axes

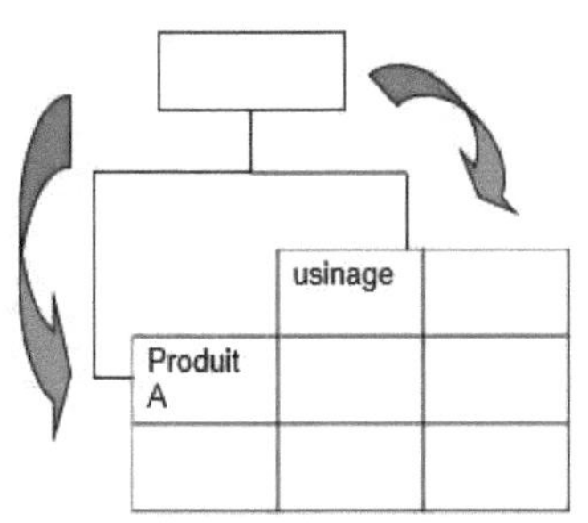

Notes

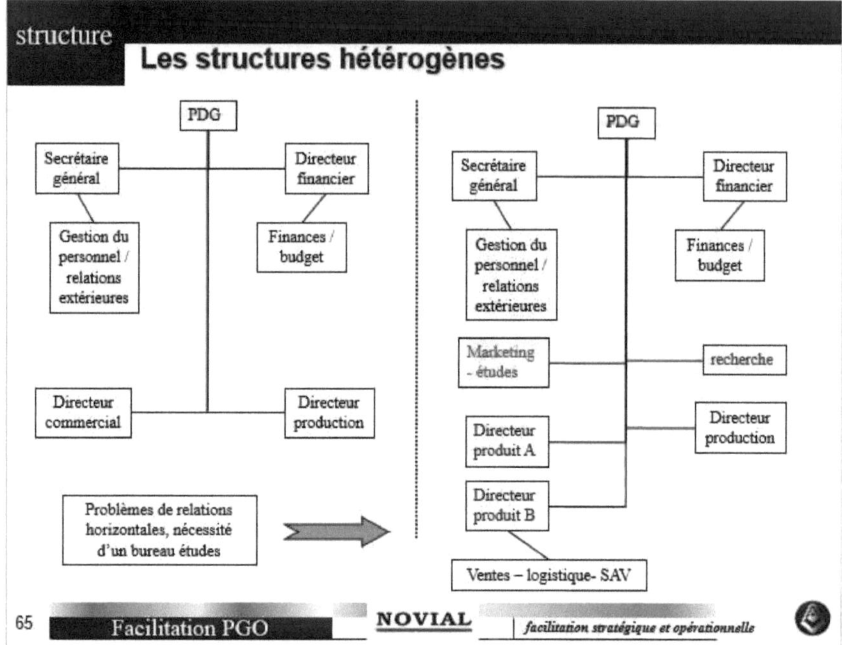
structure
Les structures hétérogènes
PDG
Secrétaire général
Directeur financier
Gestion du personnel / relations extérieures
Finances / budget
Directeur commercial
Directeur production
Problèmes de relations horizontales, nécessité d'un bureau études
PDG
Secrétaire général
Directeur financier
Gestion du personnel / relations extérieures
Finances / budget
Marketing - études
recherche
Directeur production
Directeur produit A
Directeur produit B
Ventes – logistique- SAV
65
Facilitation PGO
NOVIAL
facilitation stratégique et opérationnelle

Notes

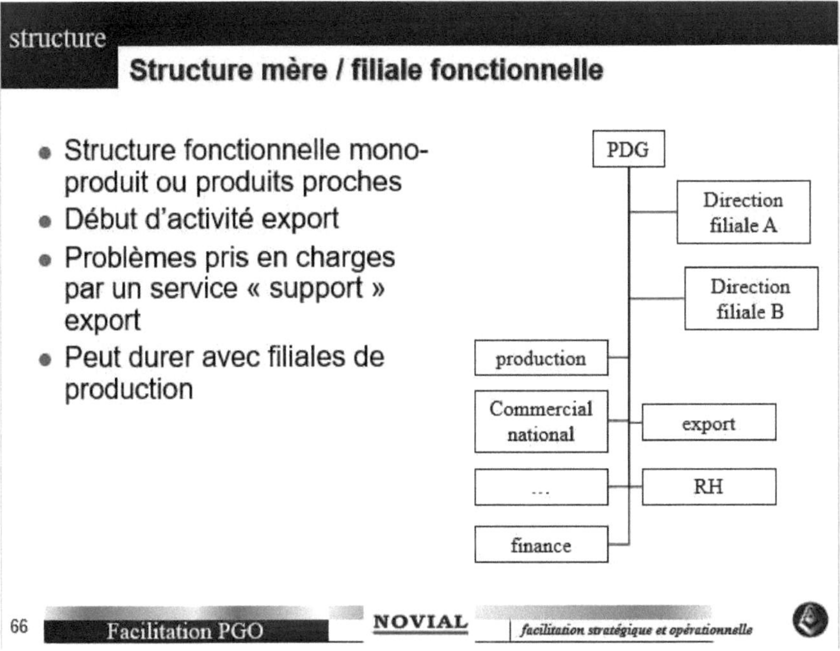
structure
Structure mère / filiale fonctionnelle
Structure fonctionnelle mono-produit ou produits proches
Début d'activité export
Problèmes pris en charges par un service « support » export
Peut durer avec filiales de production
PDG
Direction filiale A
Direction filiale B
production
Commercial national
export
...
RH
finance
66
Facilitation PGO
NOVIAL
facilitation stratégique et opérationnelle

Notes

structure

Structure mère / filiale divisionnelle

- Entreprise se diversifie sur le territoire d'origine et s'organise par divisions
- « service export » au delà d'un certain volume
- Action personnelle du dirigeant principal

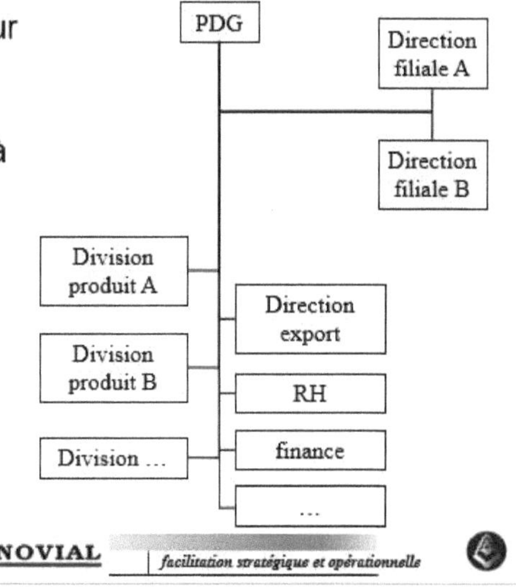

Notes

structure

La division internationale opérationnelle

- Si davantage de filiales
- Si l'entreprise est peu diversifiée
- Si part étrangère < part française
- Culture nord-américaine
- Meilleur gestion spécifique du caractère international
- Plus grande liberté d'acquisition
- isolement du risque financier et industriel
- Mais risque d'autonomie difficilement contrôlable d'où nécessité d'entretenir un lien fonctionnel

Notes

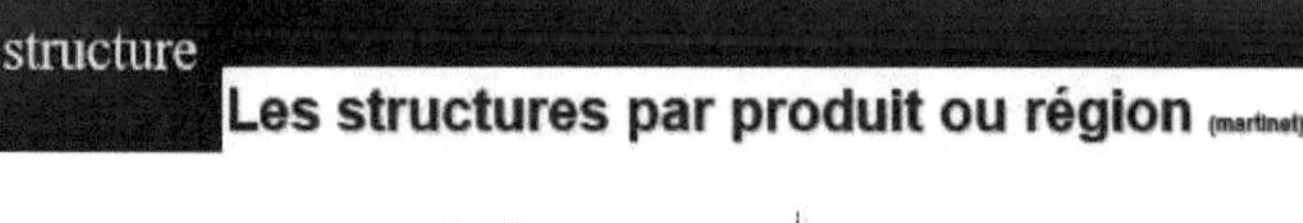
structure
Les structures par produit ou région (martinet)

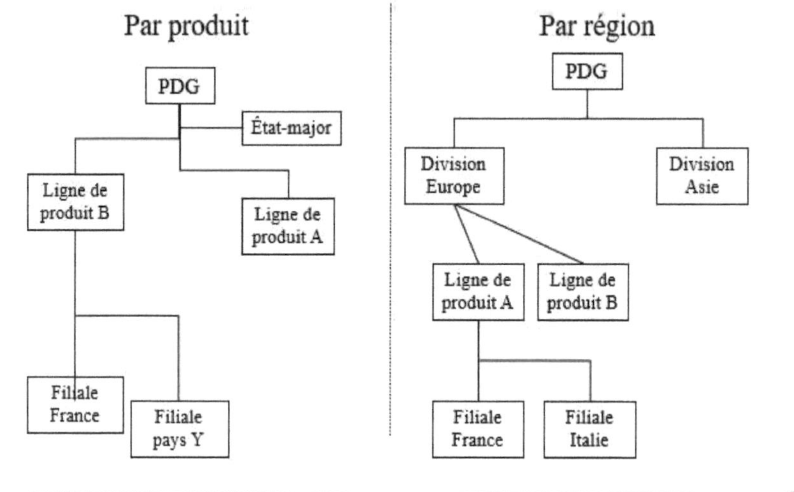
Par produit
PDG
État-major
Ligne de produit B
Ligne de produit A
Filiale France
Filiale pays Y
Par région
PDG
Division Europe
Division Asie
Ligne de produit A
Ligne de produit B
Filiale France
Filiale Italie

Notes

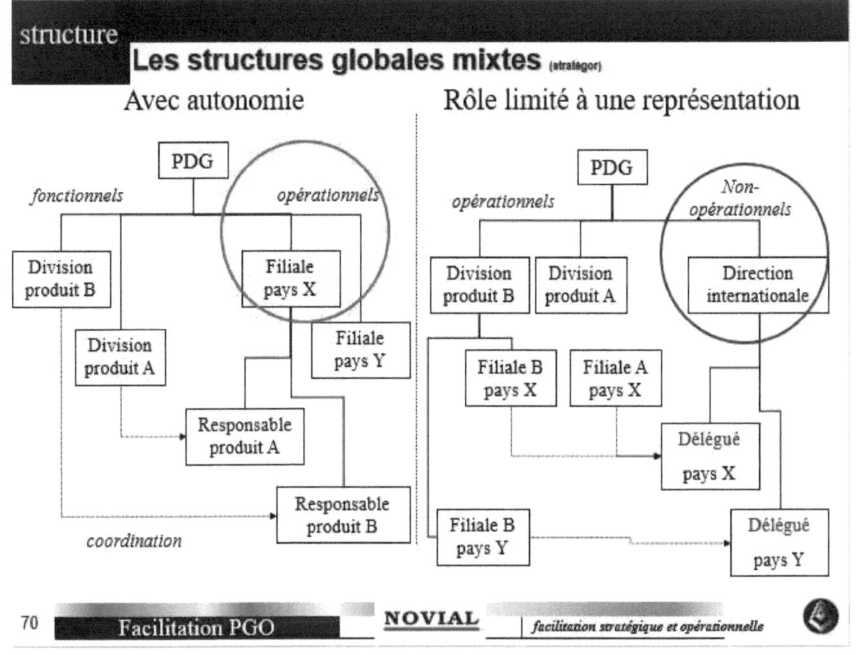
structure
Les structures globales mixtes (stratégor)
Avec autonomie
Rôle limité à une représentation
PDG
fonctionnels
opérationnels
Division produit B
Filiale pays X
Division produit A
Filiale pays Y
Responsable produit A
Responsable produit B
coordination
PDG
opérationnels
Non-opérationnels
Division produit B
Division produit A
Direction internationale
Filiale B pays X
Filiale A pays X
Délégué pays X
Filiale B pays Y
Délégué pays Y
70
Facilitation PGO
NOVIAL
facilitation stratégique et opérationnelle

Notes

structure

La structure globale matricielle idéale (stratégor)

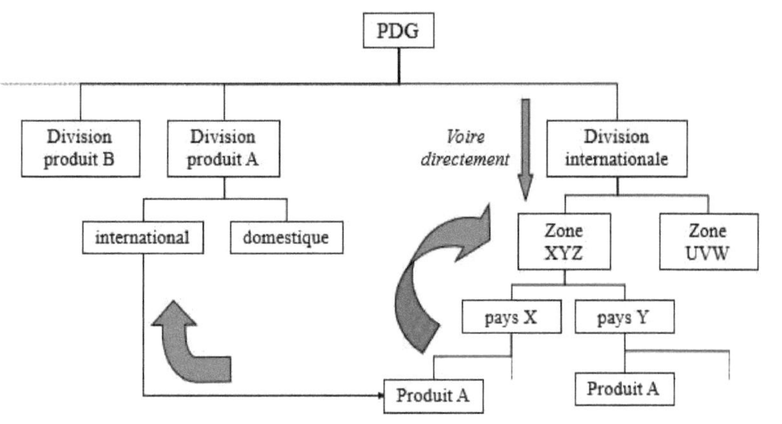

Notes

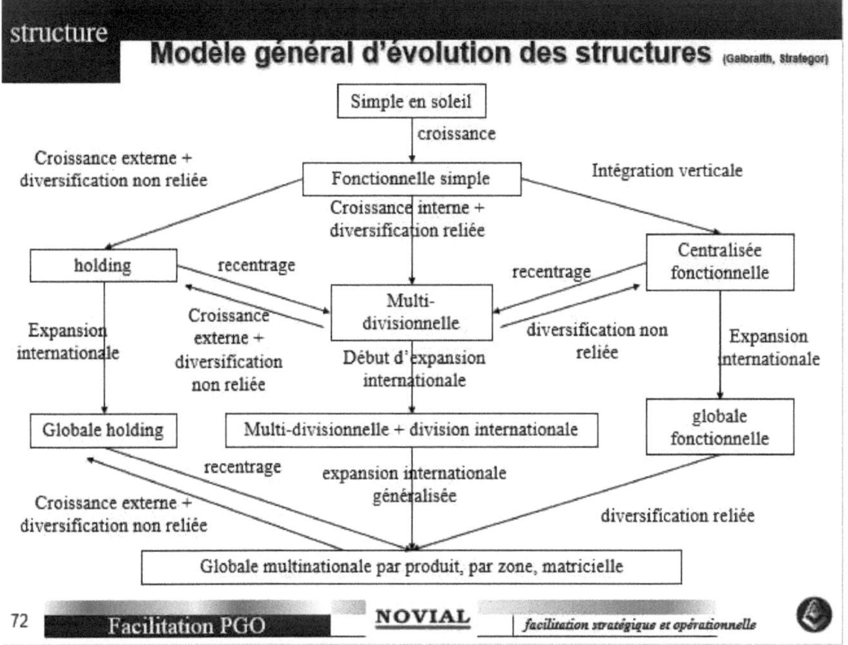
structure
Modèle général d'évolution des structures (Galbraith, Strategor)
Simple en soleil
croissance
Croissance externe +
diversification non reliée
Fonctionnelle simple
Intégration verticale
Croissance interne +
diversification reliée
holding
recentrage
recentrage
Centralisée
fonctionnelle
Multi-
divisionnelle
Croissance
externe +
diversification
non reliée
Expansion
internationale
diversification non
reliée
Expansion
internationale
Début d'expansion
internationale
Globale holding
Multi-divisionnelle + division internationale
globale
fonctionnelle
recentrage
expansion internationale
généralisée
Croissance externe +
diversification non reliée
diversification reliée
Globale multinationale par produit, par zone, matricielle
72
Facilitation PGO
NOVIAL
facilitation stratégique et opérationnelle

Notes

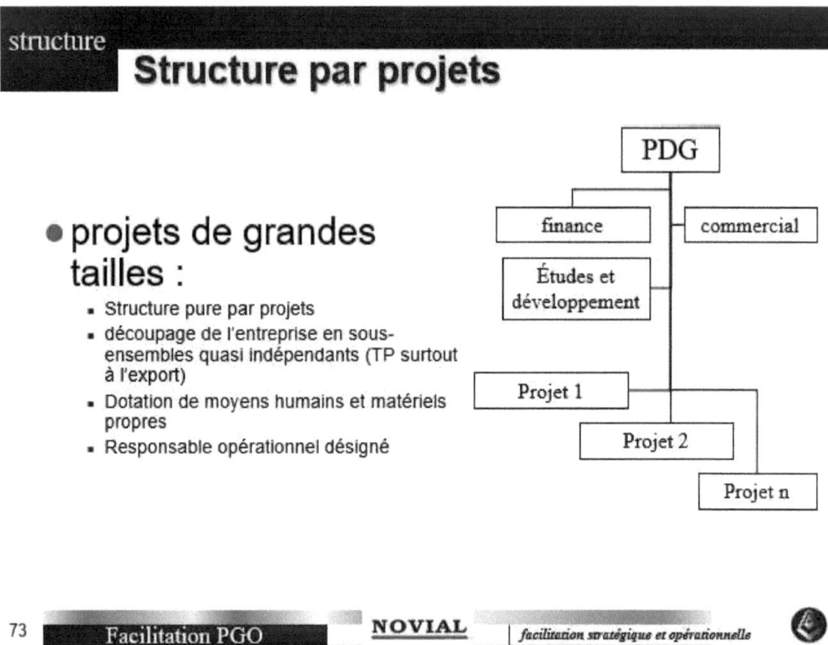
structure
Structure par projets
projets de grandes tailles :
Structure pure par projets
découpage de l'entreprise en sous-ensembles quasi indépendants (TP surtout à l'export)
Dotation de moyens humains et matériels propres
Responsable opérationnel désigné
PDG
finance
commercial
Études et développement
Projet 1
Projet 2
Projet n
73
Facilitation PGO
NOVIAL
facilitation stratégique et opérationnelle

Notes

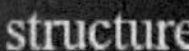

Structure par projets

- Projets de durée courte :
  - plus répétitifs
  - Structure mixte projets-fonctions
  - Services fonctionnels supports
- Schéma matriciel projet-fonctions
  - Technologie sophistiquée et évolutive

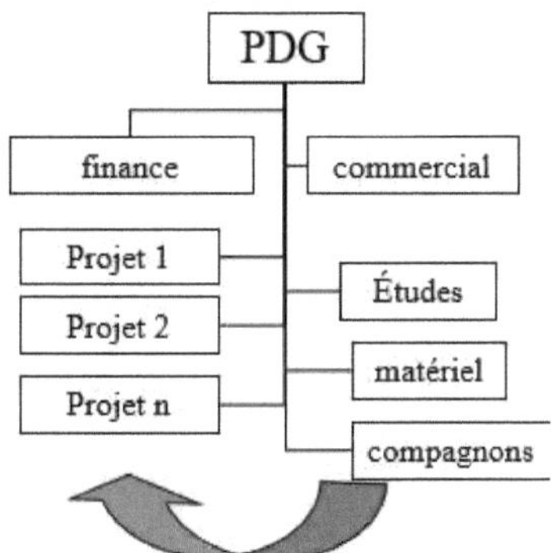

Notes

structure

Orientations structurelles

- Réduction du nombre de niveaux
- Forte utilisation de la chaîne de valeur et de la notion d'ingénierie concourante + ABC/ABM

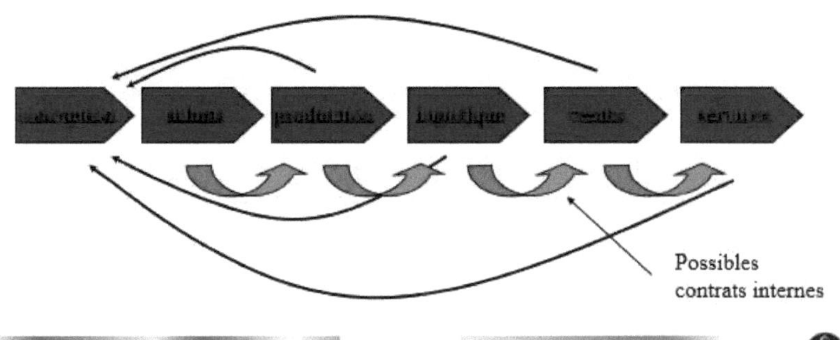

Notes

décision

Pilotage et planification

- Le fil rouge de l'analyse et des méthodes

- L'éclipse générale entre la programmation des plans et leurs périodes

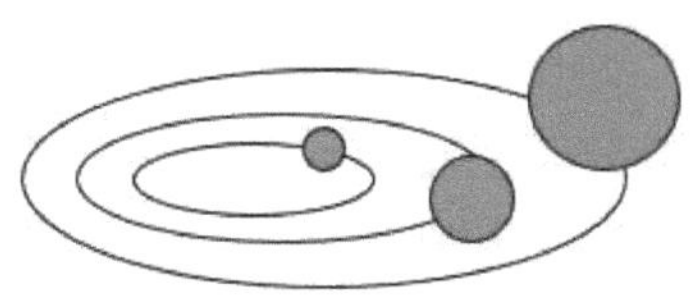

Notes

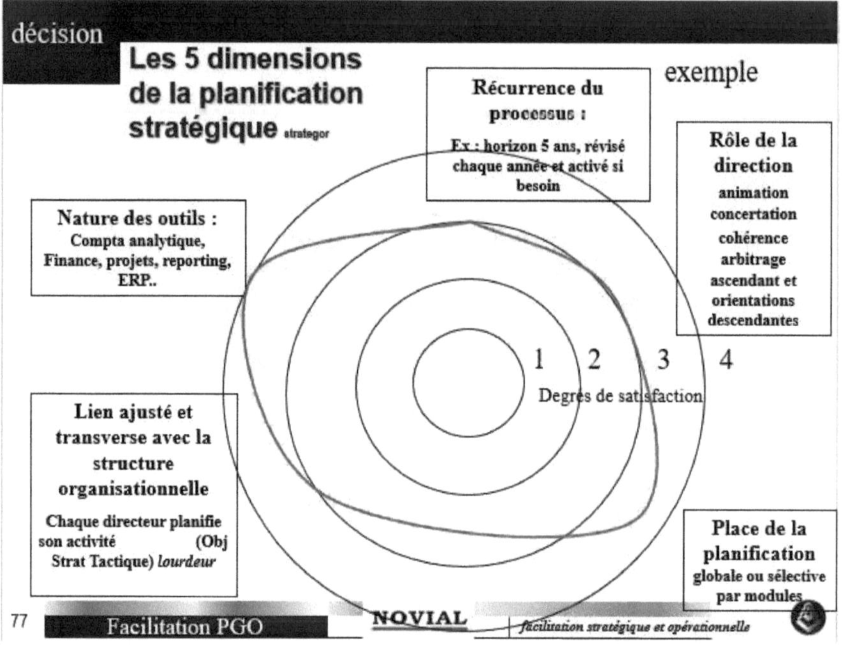
décision
Les 5 dimensions de la planification stratégique strategor
exemple
Récurrence du processus :
Ex : horizon 5 ans, révisé chaque année et activé si besoin
Rôle de la direction
animation
concertation
cohérence
arbitrage
ascendant et orientations descendantes
Nature des outils :
Compta analytique, Finance, projets, reporting, ERP..
1 2 3 4
Degrés de satisfaction
Lien ajusté et transverse avec la structure organisationnelle
Chaque directeur planifie son activité (Obj Strat Tactique) lourdeur
Place de la planification
globale ou sélective par modules
77
Facilitation PGO
NOVIAL
facilitation stratégique et opérationnelle

Notes

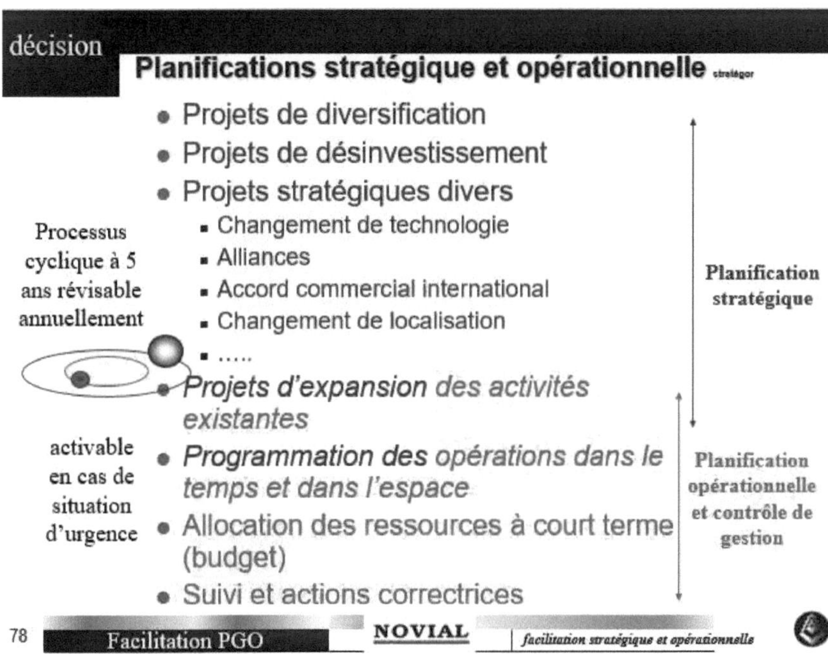
décision
Planifications stratégique et opérationnelle
Projets de diversification
Projets de désinvestissement
Projets stratégiques divers
Changement de technologie
Alliances
Accord commercial international
Changement de localisation
.....
Projets d'expansion des activités existantes
Programmation des opérations dans le temps et dans l'espace
Allocation des ressources à court terme (budget)
Suivi et actions correctrices
Processus cyclique à 5 ans révisable annuellement
activable en cas de situation d'urgence
Planification stratégique
Planification opérationnelle et contrôle de gestion
78
Facilitation PGO
NOVIAL
facilitation stratégique et opérationnelle

Notes

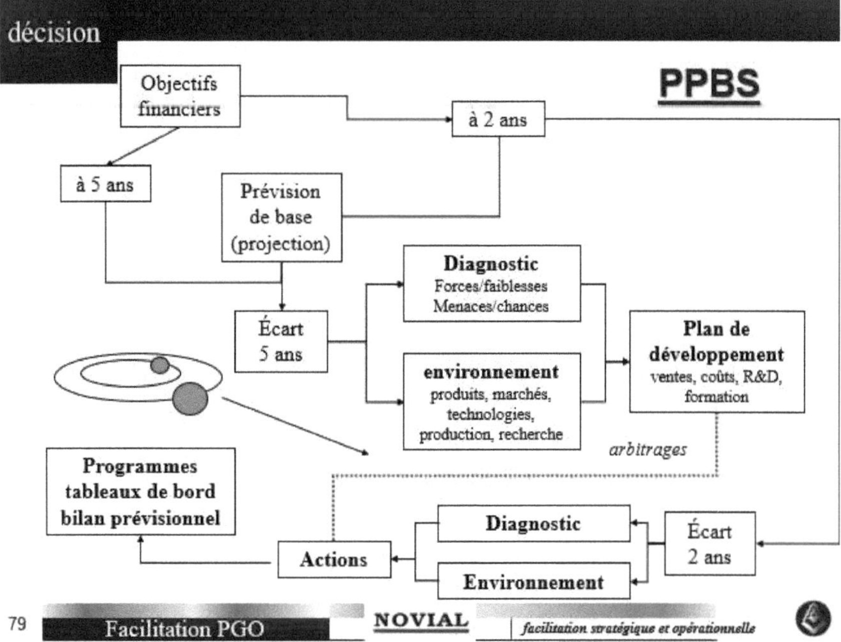
décision
PPBS
Objectifs financiers
à 2 ans
à 5 ans
Prévision de base (projection)
Diagnostic
Forces/faiblesses
Menaces/chances
Écart 5 ans
environnement
produits, marchés, technologies, production, recherche
Plan de développement
ventes, coûts, R&D, formation
arbitrages
Programmes tableaux de bord bilan prévisionnel
Diagnostic
Environnement
Écart 2 ans
Actions
79
Facilitation PGO
NOVIAL
facilitation stratégique et opérationnelle

Notes

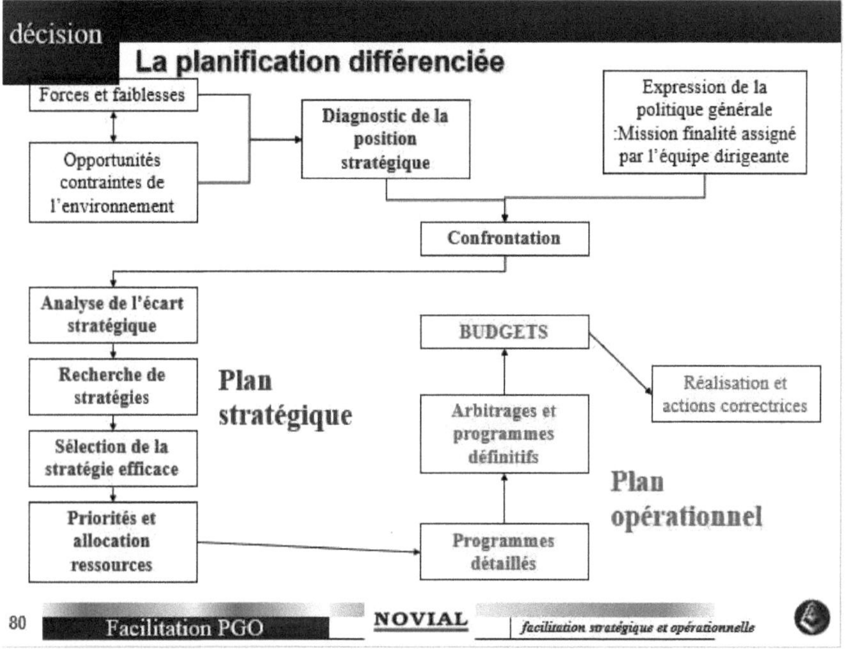
décision
La planification différenciée
Forces et faiblesses
Opportunités contraintes de l'environnement
Diagnostic de la position stratégique
Expression de la politique générale :Mission finalité assigné par l'équipe dirigeante
Confrontation
Analyse de l'écart stratégique
Recherche de stratégies
Sélection de la stratégie efficace
Priorités et allocation ressources
Plan stratégique
BUDGETS
Réalisation et actions correctrices
Arbitrages et programmes définitifs
Programmes détaillés
Plan opérationnel
80
Facilitation PGO
NOVIAL
facilitation stratégique et opérationnelle

Notes

décision

Le coût de la coordination

Une solution : création d'unités autonomes motivées contrôlées à partir d'objectifs généraux … avec les inconvénients (?) du contrôle permanent

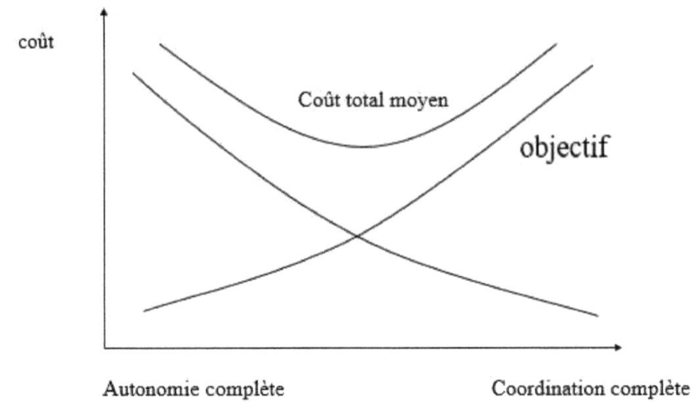

Notes

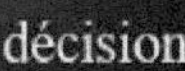

décision

schéma de l'évaluation de l'engagement réel des dépenses sur un projet.

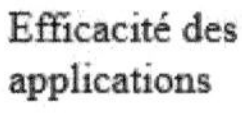

Efficacité des applications

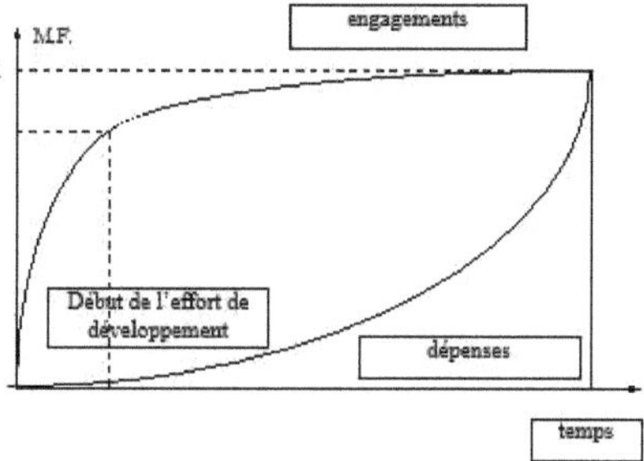

Ressources cumulées investies

Notes

Analyse de risques

- Quels sont les risques (coût-délais-performance) de chaque décision pour l'organisation ? Pour son environnement et son écosystème ? Ou en provenance de celui-ci ?

Criticité=Combinaison de la Probabilité et Impact (coût, délai, performances)]					
Probabilité d'occurrence	Impact				
	1 Très faible	2 Faible	3 Moyen	4 Elevé	5 Très élevés
1 Très faible	Mineure	Mineure	Mineure	Mineure	Tolérable
2 Faible	Mineure	Mineure	Tolérable	Tolérable	Significative
3 Moyen	Mineure	Tolérable	Tolérable	Significative	Critique
4 Elevé	Mineure	Tolérable	Significative	Critique	Inacceptable
5 Très élevés	Tolérable	Significative	Critique	Inacceptable	Inacceptable

Notes

Démarche de planification sociale

- Quelle politique de l'entreprise vis-à-vis des individus, séparément ou en collèges ?
- Recensement qualitatif du personnel, des attentes et conditions de travail
- Appréciation des organisations professionnelles, climat des syndicats…
- Puis détermination des objectifs sociaux prioritaires : rémunération, qualification, conditions de travail
- Confrontation stratégies, projets, coûts et performances potentielles sociales // économiques
- Décision …

Notes

décision

Conduite du changement organisationnel

Décidée par une autorité représentative

Donner envie plutôt qu'imposer

Continuité : faire d'un but une étape

Des directives claires et comprises

Prise de conscience collective

Team building, Process Comm, MBTI, PNL, AT….

Notes

Vos contacts

NOVIAL

CONSULTING & INSTITUTE SAS

Sièges : 12 rue du Port F - 21130 LES MAILLYS

Tel : 00 33 (0) **9 71 00 46 40** - contact@novialgroup.fr - www.novialgroup.fr

NOVIAL INSTITUTE SAS - RCS DIJON 803841196 - APE 9559A

NOVIAL CONSULTING SAS - RCS DIJON 804 091 338 – APE 7022Z

Président : François CHARLES

Printed by Books on Demand GmbH, Norderstedt / Germany